아픈 행복

박난응 지음

쿰란출판사

추천의 글

　박난웅 사모는 자신의 기도에 대한 12가지 철학에 의해서 오직 기도로 삶의 역경과 고난을 통과하여 하나님의 거룩하고 아름다운 형상을 회복하고 하나님의 교회를 섬겨온 믿음의 용사이다.
　박난웅 사모는 어려서부터 매사에 최선을 다하여 선한 일을 해온 적극적인 여인이다. 박난웅 사모는 뛰어난 기억력으로 어린 시절의 여러 가지 일들을 기억하여 정확하게 기록함으로 독자들로 하여금 1950년-1970년대의 대한민국 서민생활의 형편들을 생생히 전해주고 있다.
　1980년에 남편 윤철현 목사와 함께 옥천중앙교회를 개척한 이야기는 그 당시 침례교회 개척사를 이해하게 한다. 그 당시 교회를 개척한 목회자들은 교회를 세우기 위해서 핍박과 가난과 역경을 오직 기도로 극복하고 헌신하였고 하나님의 도우시는 은혜로 교회들이 세워지게 되었다. 박난웅 사모가 간증한 대로 그 당시 개척목회자들은 가정과 자녀들보다 언제나 교회가 우선인 목회를 하였다.
　박난웅 사모는 적극적인 성격을 타고난 하나님이 사랑하시는 딸이다. 어려서부터 하나님께 기도하여 응답받는 경험에 의해서 12가지 기도의 철학을 터득하고 모든 일에 전능하신 주 하나님의 인도하심을 받아서 교회를 세워나간 기도의 용사이다.
　박난웅 사모에게 40일 작정기도는 일상적인 일이 되어서 교인들의 문제가 생기면 문제의 당사자는 물론 그를 위해서 기도하기 원하는 기도 동역자들과 함께 40일을 목숨 걸고 간절히 기도하였다. 이렇게 박난웅 사모와 함께 교인들이 40일을 기도하다 보면 병자가 고침을 받고 귀신이 나가고 어려운 문제들이 해결되는 은혜를 그들은 경험하였다.

사람이 당하는 고난 중에 가장 어려운 고난은 물질 연단이라는 말이 있다. 1980년 남편 윤철현 목사와 함께 충북 옥천군 옥천읍에 옥천중앙침례교회를 개척하면서 생긴 많은 부채를 박 사모가 혼자 감당하는 어려움을 당한다. 박 사모가 교회의 빚을 교회와 교인들에게 짐을 주지 않고 혼자 담당하는 모습은 이기적인 사고를 가진 이들에게는 미련한 일로 여겨진다. 그러나 박 사모의 교인들을 생각하는 마음은 하나님이 보실 때에 아름다운 일이 되어 결국에는 하나님의 은혜로 그 빚이 다 해결되는 아픈 행복을 간증한다.

캐나다침례교회는 캐나다 토론토에 펜윅 선교사 기념교회를 세워 다음세대를 위한 침례교회의 뿌리를 든든히 세우는 일을 결의하고 펜윅 선교사 기념교회가 세워지도록 간절히 기도하고 있다. 한국침례교 총회는 2010년도에 캐나다 토론토에 펜윅 선교사 기념교회를 세우는 일에 협력하기로 결의하였다. 펜윅 선교사 기념교회가 세워지도록 캐나다 교인들과 함께 간절하게 기도하면서 뜻있는 성도들의 협조를 구하는 박난웅 사모의 기도가 그대로 응답되도록 우리 모두는 함께 기도하면서 협력해야 하겠다.

박난응 사모의 《아픈 행복》을 읽는 이들마다 기도하면 반드시 하나님께서 응답해 주신다는 믿음이 생겨 낙심하지 않고 기도하는 도전을 받게 될 것이다. 박난응 사모의 간증집 《아픈 행복》을 읽으면서 나는 1950년도부터 오늘에 이르는 대한민국의 단면들을 회상하는 즐거운 추억을 가지게 되었다. 이 책을 읽는 독자들도 동일한 감동을 받게 되리라 생각하면서 즐거운 마음으로 하나님을 사랑하는 한 여인의 믿음의 간증집을 추천한다.

2013년 8월 20일
전 침례신학대학교 총장 이정희 교수

추천의 글 사도행전적인 아름다운 신앙의 삶

먼저 이처럼 귀한 책이 세상에 나올 수 있게 하신 하나님께 감사를 드립니다. 그리고 앞으로 이 놀랍고 감동적인 책을 통해 많은 사람들이 은혜를 받을 수 있게 될 것을 바라보며 참으로 기쁘게 생각합니다.

저는 얼마 전 본서의 저자이신 박난웅 사모님이 자신의 작은 책에 대해 추천서를 부탁하실 때 극구 사양하며 더 귀한 분에게 의뢰할 것을 권장하였습니다. 그러나 재차 말씀하시기에 평소 토론토 전도대학을 함께 섬기며 늘 마음으로 존경하며 친하게 지내는 목사님 내외분이라서 더 이상 사양할 수가 없어 원고를 받아 읽게 되었습니다.

그런데 원고 한 장 한 장을 천천히 읽으면서 매우 깊은 감동과 은혜를 받고, 이처럼 귀한 책의 추천인이 된 것을 내심 큰 영광이라고 생각하였습니다.

그처럼 소박하고 정겨운 작은 시골 마을에서 태어난 한 작은 여인의 일평생이 한 편의 드라마나 영화와 같이 끊임없이 이어지는 기적과 치유의 감동과 간증의 삶을 바라보며 마치 성경의 사도행전을 읽는 것처럼 느껴졌습니다.

특히 문장이 아주 간결하고, 단순한 일상의 언어로 쓰여졌기에 읽기도 쉬웠고, 또한 실제로 있었던 삶의 이야기를 사건마다 그때의 환경과 만났던 사람들의 실명도 밝히므로 어떤 꾸밈이나 가식이 없이 오직 하나님께서 함께 하셨던 사실 그대로를 이야기 형식으로 말씀함으로 우리들의 삶의 현장에서 일어난 일처럼 생생하고 뜨겁게 와 닿았습니다.

아버지와 어머니의 말로 표현할 수 없는 보이지 않는 아픔들도 서슴없이 그대로 드러내고, 남편 되신 목사님과 자녀들의 어려웠던 시절의 이야기도 그대로 드러내고, 여러 교회들을 목회하며 만났던 이런저런 성도들을 통한 기쁨과 아픔들도 사실 그대로 실타래를 풀듯이 풀어내시는데 그것은 바로 하나님 앞에서 펼쳐지는 여러 모양의 인생살이를 밝히 볼 수 있게 하였습니다.

주님을 만나 은혜 받은 후에는 자신을 위해서 화장품도 사지 않고, 새 옷도 사지 않고, 오직 전도와 구제를 위해 쓰셨으며, 세상에서 가장 보람있는 일은 오직 영혼 구원임을 알고 어찌하든 사람 사랑하는 일을 위해 모든 것을 투자하고, 성도들과 교회를 위해 교회가 진 빚을 스스로 떠안고, 일평생을 어렵게 지내면서도 오직 기도와 영혼 사랑으로, 주님 위해 온전히 헌신하는 진정한 제자도의 일생이셨습니다.

그러던 어느 날 새벽에 예수님께서 환상 중에 나타나셔서 "너희는 십자가의 흔적을 가졌노라" 하시면서 많은 무리 가운데서 두 분을 따로 떼어 오른쪽에 세우시며 "너희는 다른 사람들과 똑같이 대우할 수 없다"고 위로하시고 격려하셨다는 말씀에 많은 은혜와 도전을 받게 됩니다.

저는 앞으로 이 책을 읽는 사람들이 분명 다 저와 같이 큰 은혜와 도전을 받으리라고 확신합니다. 그것은 우리 주님이 인정하셨듯이 두 분의 삶이 너무도 귀하고 아름다운 사도행전적인 성령 충만한 영혼 사랑의 실제적인 삶이었기 때문입니다. 그리고 누구보다도 두 분을 가장 가까이에서 지켜보며 훌륭하게 신앙 안에서 자라온 자녀들이 두 분을 향해 고백한 진솔한 사랑 고백에 제 자신의 눈시울이 뜨겁게 적셔진 것처럼 모든 분들에게도 큰 감동을 주리라고 확신합니다.

"아빠, 내가 이 세상에서 가장 존경하는 목사님이 있다면 그분은 우리 아빠 목사님이시고, 내가 이 세상에서 가장 존경하는 사모님이 있다면 우리 엄마 사모님이십니다. 아무리 힘들고 어려워도 하나님이 반드시 갚아 주실 날이 있을 테니 힘내세요. 저희들을 이렇게 믿음으로 잘 길러 주시고 평생을 교회와 성도들을 위해 희생하신 것은 저희들에게 가장 귀한 믿음의 유산으로 알아 평생을 살아가며 귀하고 자랑스러운 인생의 모델로 삼을 것입니다."

2013년 8월 20일
토론토소망장로교회 서인구 목사
(전 온타리오 한인교회협의회 회장)

프롤로그

나는 남들처럼 많이 배우지도 못했고, 남들처럼 잘나지도 않았으며, 남들처럼 부모 덕을 많이 본 것도 없을 뿐더러, 남들처럼 큰 교회 한번 세워보지 못했다. 그런 내가 이 글을 쓰려고 했을 때, 처음에는 무척이나 망설여졌으나 적은 능력으로도 말씀을 지켰던 빌라델비아 교회(계 3:7)를 생각하면서 용기를 내었다.

평생 감당하기에 벅찬 짐을 지고 힘들게 살았으나, 그 가운데서도 하나님은 나를 모른 체하지 않으시고 항상 나의 하나님으로 역사하셨고 나의 능력으로 나타내 주셨다. 그리고 이처럼 못나고 무능한 나를 믿어 주셔서 생명의 복음과 더불어 하나님의 가장 큰 관심과 사랑의 대상인 '사람'들을 맡겨주셨다. 이는 분명 하나님의 특별하신 은혜요 나를 후대하심의 은총이었다고 고백한다.

그동안 60 평생을 예수 안에서 참으로 행복한 인생을 살게 하신 하나님께 감사드리며, 이 간증을 통해서 힘들고 지친 '이웃'들에게 조금이나마 위로와 희망을 주고 싶은 마음이 간절하다.

세상은 마음먹기에 달렸다고 생각한다. 아무리 많이 가진 자라도 하루에 열 끼 밥을 먹지 못하고, 아무리 가진 것이 없는 사람이라도 굶어 죽지 않는 법이라면, 건강해서 감사하고 굶지 않으면 감사할 일이다. 하나님이 우리에게 이미 허락하신 억만가지 은혜에 감사할 줄 모르고 한두 가지 불편한 것 때문에 원망하고 불평하고 좌절하고 낙심한다면 이 아름다운 세상과, 세상에 있는 모든 것들을 우리에게 주신 하나님께 대한 최소한의 예의도 아니라고 생각한다(창 1:28).

나는 주님과 부모와 형제와 친구들, 그리고 나를 사랑하는 성도들과 자녀들에게까지 사랑의 빚을 지면서 지금까지 내가 누릴 수 있었던 모든 행복했던 지난날을 회상하며, 이제는 나도 다른 사람의 영원한 행복(시 133:3)을 위해 살고 싶은 간절한 기대와 소망을 가슴에 품고 나의 육신의 남은 때를 살고자 한다.

"나의 힘이신 여호와여 내가 주를 사랑하나이다"(시 18:1).

비록 아름다운 수식어와 훌륭한 문장력을 갖추지는 못했을지라도 우리에게 약속의 말씀을 주신 신실하신 하나님은 그 말씀을 붙잡고 순종하며 믿고 기도하는 자들을 통해서 오늘도 당신의 뜻을 이루어 나가신다는 사실들을 함께 나누고자 한다.

토론토 한인침례교회
박난웅

차 례

추천의 글_ 전 침례신학대학교 총장 **이정희** 교수 2
토론토소망장로교회 **서인구** 목사 5

프롤로그 8

1부 어린 시절

내가 태어나고 나를 길러준 곳 16 청계천 극장과 돼지친구 18 물레방아 장난 20 참새 사냥 23 염소가 데려다 줄까? 26 신기산 부흥회 28 열 살짜리 부흥사 31 개구리탕 배달 왔습니다 34 늙은 고양이는 쥐를 잘 쫓는다 37

2부 지옥에서 천국으로

나의 아버지와 어머니 42 12년 만에 찾아온 천사 49 나의 하나님 53 하나님의 역사 58 사랑은 아무리 해도 지나친 것이 아니다 62 제13대 국회의원 윤재기 변호사 68 하나님은 너를 지키시는 자 74

3부 새마을 운동과
4-H 클럽

분산 농가를 집단 농가로 78   하나님의 임재를 눈으로 보며 81   한양대학교
김연준 총장 83

4부 네 앞에 시온의 대로가
열리리라

하얀 봉투 86   삼각산 중턱에서 90   복덩이를 받으라 93   무학재 고개
96   월가성결교회 100   네 말한 대로 살아야지! 105

5부 신혼생활과 교회 개척

단칸방에서 시어머니를 모시고 112   기도는 내 뜻을 포기하고 하나님의 뜻
을 찾는 것이다 114   내 종은 내가 키운다 122   배만 불러도 기도할 수 있
겠는데 124   6평짜리 교회 127   하나님의 일은 하나님이 하신다 134

6부 성전 건축

100번째 교회가 4년 만에 4번째 교회로 142 요한이 할머니 146 서른세 살 과부는 안 됩니다 149 목사님 보내면 우리는 천벌 받습니다 152 천사가 돕는 기도 154 200만 원 드릴 수 있도록 20만 원 빌려주세요 156

7부 중앙선교원

목사님! 헬멧 쓴 얼굴이 생각나요 160 한마음 사진관 162 목사님! 스승의 날입니다 164 동생의 평생 직장을 위한 40일 작정기도 167 천재가 여기 있었네요 169 잃었다가 찾은 아들 171 나도 최우수상 탈 수 있었는데 175

8부 가장 고통스러울 때가 가장 은혜 받을 때

꿈 같던 일이 현실이 되던 날 178 지붕 위를 날아 다니더니 182 약속을 붙들어라 184 난응아! 내가 어떻게 하면 네가 기도에 전념할 수 있겠니? 186 잘 견디었다 189 기환이에게도 살길을 열어주고 죽어야지요 191 언니는 점점 더 미쳐가네 197 하나님은 나의 피난처 202 신부를 단장시켜라 207 목숨 걸었던 네 번째 40일 기도 212 옥천은 어떤 곳인가 215

9부 교회의 주인은 오직 예수님

주인 의식 220 너덜 집사덜 다 뎌졌냐? 224 십자가의 흔적을 지녔노라 226 왜! 새 목사님은 기도를 못 받게 하실까? 230 남편의 소원은 40일 금식기도 233 옥천 교인들 벌 받았습니다 236 이렇게 대접을 받아도 칭찬이 있을까? 239

10부 하나님만 의지하고 도착한 캐나다

구면이시네요 244 유학생 부부 249 펜윅 선교단 252 700마리 고등어 256 네 번의 40일 작정기도 259 지금도 치유하시는 하나님 262 아픈 행복 265 하나님이 홈런 치신 날 268 서른세 송이 장미 271

11부 고난은 축복이다

파도 타는 인생 274 독수리 날개로 업어서 옮겨주세요 278 꿈을 꾸는 교회 281

감사의 글 284

- 기도에 대한 나의 철학 286 주님 은혜 악보 287

1부
어린 시절

내가 태어나고
나를 길러준 곳

　　서울에서 경부선 국도를 타고 약 한 시간쯤 달리다 보면 수양버들이 곱게 늘어진 천안쯤에 도착하게 되고, 천안을 지나서 차령산맥을 굽이굽이 돌아 약 10분쯤 더 남쪽으로 가다 보면, 정안면 소재지를 만난다. 거기서 다시 공주 쪽으로 4km쯤 내려가다 보면 장원리와 신흥리 중간지점에서 왼쪽으로 보이는 큰 산 밑에 옹기종이 모여 사는 동화 속 마을 같은 곳이 내가 태어난, 나의 고향, 장원리 2구이다.

　　마을 안쪽에서 바라보면 서쪽으로 탁 트인 공간 저 멀리에는 언제 바라봐도 변함없이 장엄하게 버티고 서있는 무성산이 있고, 마을을 감싸고 양쪽으로 길게 뻗은 산자락은 마치 좌청룡 우백호를 연상케 하는 아늑한 둥지 같은 곳이 바로 욕심 없는 사람들이 정직하게 농사 지으며 평화로이 살고 있는, 나를 길러준 바로 그곳이다.

　　봄이 되면 앞뒤 산에는 진달래꽃이 만발하여 작은 산 언덕들이 울긋불긋 물들어, 보기에도 무척이나 아름다웠고, 어릴 적 논밭에 심부름을 다닐 때면 싱그러운 풀 내음과 뻐꾸기 소쩍새 울음소리에 발맞추어 콧노래를 부르면서 춤추며 즐거워했던 나의 천국.

누군가 말하기를 보름이 되기 전에 냉잇국을 세 번 먹으면 부자가 된다 하여, 어릴 적 친구들과 함께 겨울눈이 채 녹기 전에 달래며 냉이, 씀바귀를 캐러 이리저리 뛰어 다니다 보면 어느새 저녁 연기가 모락모락 피어오르는 전설 같은 곳!

그런가 하면 미처 봄을 기다리지 못해 도랑을 타고 얼어붙었던 얼음을 헤쳐 가며, 새우며 미꾸라지, 가재를 잡으려고 발이 꽁꽁 얼어붙어도 지칠 줄 모르고 행복했던 그 곳. 구멍가게 하나 없던 시절, 먹거리를 찾아 봄에는 칡뿌리를 캐고, 가을이면 알밤을 줍고, 머루, 다래를 찾아 이산 저산 누비고 다니며 세상 근심 몰랐던 그 시절이 무척이나 아름다웠다.

청계천 극장과 돼지 친구

1955년경 아버지께서 서울 동대문에 과자공장과 남대문에 옷가게를 가지고 계셨기에 나는 8살이 되던 해까지 거의 서울에서 살았다. 그때, 우리 옆집에는 돼지라는 별명을 가진 친구가 있었는데, 그 친구와 나는 심심하면 2층 창문을 열고 풍선을 실에 묶어 누구의 것이 높이 올라가나 내기하며 놀았고, 매일 청계천 극장에 단골 손님이 되어 드나들면서 영화와 연극을 구경하기도 했다.

그 당시 청계천은 복개공사가 한창이었고, 나는 매일 아버지 점심 도시락 배달을 도맡아 했다. 아버지는 내게 매일 신문에 말아서 파는 강냉이를 사주시며 도시락 배달 품삯이라 하셨다.

어느 날 강냉이를 먹으면서 집으로 오는 길에 앵두 파는 노점상 아주머니를 만났는데, 아이를 업고 길가에서 앵두를 파는 모습이 어린 내 눈에는 어찌나 고단해 보이던지, 나는 얼른 아이를 받아 업고, 수북이 쌓였던 앵두가 모두 팔릴 때까지 아주머니 옆에서 아기를 업어 주었다.

해질녘이 다 되어서야 집에 도착했더니, 아버지 과자공장 아저씨들이 나를 찾으려고 다 나가버렸고, 가사도우미 언니 한 사람만 집을 보고 있다가 뒤늦게 돌아온 나를 보고는, 어디서 무엇을 하다 왔냐며 걱정이 이만저만이 아니었다고 한다.

나는 언니가 차려준 뜨끈한 콩나물국에 밥을 한가득 먹고는 피곤에 지쳐 곯아떨어졌다. 아버지는 나를 찾기 위해 갈 곳은 이제 신문사와 방송국밖에는 없다고 걱정하시며 한참 후에 돌아오셨다가 잠에 빠져 있는 나를 보고 안도의 숨을 크게 쉬셨다고 한다.

물레방아 장난

우리 마을에는 외가댁과 두 분의 작은아버지 그리고 큰고모님이 함께 살고 계셨다. 외가댁에는 그리 자주 가지는 못했던 것 같은데, 큰고모님 댁(박연옥 집사)에는 매우 자주 갔었다. 고모님 댁에는 순희 언니(집사)를 빼고는 다 동생들로, 황희, 정희(집사), 용희(집사), 병희(집사), 장희(집사)가 있었는데, 그중에서도 나보다 한 살 적은 황희와 제일 잘 어울려 놀았다.

우리는 겨울이 되면, 커다란 망치를 들고 냇가에 나가 바위들을 힘껏 내리쳤다. 바위 밑에서 잠을 자던 송사리들이 매를 맞고 둥둥 떠내려가면, 긴 장대 끝에 작은 주머니를 매달아 떠내려가는 물고기들을 건져서 논두렁에 불을 지르고, 잡은 물고기에 소금을 뿌려 구워 먹었다.

그러다가 또 심심해지면 황희가 "누나, 우리 물레방아 장난할까?" 하며 힘들게 길러온 양철 물통을 낫으로 찍어 순식간에 사방으로 물줄기가 쏟아져 내렸다. 나에게도 한쪽을 찍어보라며 낫을 건네줬는데, 그때 양쪽으로 뻗어가는 물줄기는 어린 내게는 참으로 아름다운 물레방아같이 보였다.

언니(박화응 집사)와 셋째 동생(박신응 전도사)은 겨울 방학이면 더 자주 고모 댁에 갔었는데, 어떤 날은 고모부님이 우리들에게 밤참을 먹이신다고 군고구마를 한 삼태기씩 구워놓고 기다리기도 하셨다.

또 어느 날은 언니와 고모네 순희 언니가 내 윗도리를 벗겨 놓고, 다 쓴 공책을 뜯어 주먹 크기로 만들어 나의 양쪽 가슴에 대고는 아기 업는 띠로 내 가슴을 돌돌 말아서 나를 바비인형으로 만들기도 했다. 그런 다음에 고모 댁의 아랫방과 윗방 사이를 막아놓은 작은 옷장 사이에 양쪽으로 고무줄을 묶어 빈 깡통을 가운데 달아놓고, 그 깡통을 마이크 삼아 내게 노래를 부르게 했다. 그러면 나는 어릴 적 청계천 극장 연극과 영화 속에서 본 여주인공을 생각하며 발꿈치를 들어 하이힐을 신은 것처럼 흉내를 내고 한 손으로는 깡통을 잡고 눈을 깜빡이며 노래를 불렀다.

그때 고모네 식구들과 우리 형제들은 배꼽을 잡고 웃었다. 결혼을 하고 큰딸(윤나라 집사)을 업고, 고모 댁에 처음 인사를 하러 갔던 1983년, 어릴 적 황희와 함께 찍으며 놀았던 그 양철 물통을 보고는, 고모에게 왜 한 번도 우리를 야단치지 않으셨는지 물었던 적이 있었다.

고모는 그때 외사촌이나 사촌끼리 한 동네에 살면서 단 한 번도 싸움을 하거나 욕을 하지 않고, 언니동생 하면서 사이좋게 잘 놀았는데, 그까짓 양철 물통 하나 몇 번 때워서 쓰면 되는 것을, 재미있게 노는 애들한테 야단할 것이 무엇이냐고 하셨다. 우리를 향한 고모의 깊은 사랑이 느껴져 감사했다.

큰고모와 나는 생일이 같은 날(음력 9월 7일)이었다. 언제나 햅쌀로 떡을 하면 우리 집 떡을 고모 댁에 드리러 갔다가, 고모 댁 떡을 우리 집으로 다시 가지고 돌아와 먹으면서 생일을 보냈다.

어릴 적 큰고모는 설날에 여섯이나 되는 당신의 아들딸은 물론, 열이나 되는 우리 사촌형제들에게도 세뱃돈을 주기 위해서, 1년 내내 머리카락을 모아 자리 밑에다 모아두었다가 엿장수가 오는 날, 그 머리카락을 팔아 동전을 준비하실 만큼 우리를 예쁘게 여겨 주셨다. 또 추석이 되면 고모네 딸 둘과 우리 집 딸 셋의 치마저고리를 손수 만들어 주시느라, 자는 우리를 하나씩 차례로 깨워 입혀가며 밤이 새도록 바느질을 하셨다. 고모의 그 사랑은 지금도 잊혀지지 않는, 눈물겹고 감동스러운 어린 시절의 기억이다.

참새 사냥

내가 어릴 적 아이들의 놀이기구는 지금처럼 게임기나 컴퓨터가 아니라, 윷놀이, 자치기, 널뛰기, 연날리기, 썰매타기, 제기차기 등등 자연과 함께하고, 친구들과 함께 시간을 보냈던, 인성이 만들어지는 놀이들이 전부였다.

1960년대 초 라디오와 유성기, 발재봉틀과 손전등이 있는 집은 마을 전체에서 우리 집뿐이었는데, 한겨울 동네 오빠들이 심심하면 "난응아, 참새 잡으러 가자" 하면서 나를 데리러 왔다. 한동네에 사시는 막내 외삼촌이 무거운 사다리를 들고 다니기가 버거워서 조그만 나를 무등 태워 초가집 추녀 밑에 가까이 대면, 나는 신이 나서 추녀 밑 참새 아파트에 손전등을 비추고, 갑자기 눈이 부셔서 꼼짝 못하는 참새들을 재빠르게 꼬막손으로 잡아 동네 오빠들에게 건네주고는 하였다.

또 어느 날은, 동네 친구들이 너구리 사냥을 가자기에 따라간 적이 있었다. 뒷동산 중턱쯤에서 자그마한 굴 하나를 발견했는데, 나와 예옥이는 굴 출입구에 자루를 대는 역할을 부여받았고, 상암이, 승규, 재석이(외사촌 오빠)는 반대 방향에서 불을 피웠다. 그런데 잠시 후에 사정없이 올라오는 시커먼 검은 연기가 온통 우리 쪽으로만 몰려와서 너구리는커녕 눈물 콧물만 쏙 뺀 후에는, 두 번 다시 너구리 사냥을 가지 않게 되었다.

여름철에는 각시풀을 뜯어서 인형을 만들어 예쁘게 댕기머리를 땋아주며 놀다가, 겨울이 지나고 봄이 되어 그 풀은 낙엽처럼 빛깔이 변색되었다. 황금빛 아름다운 풀 무더기를 이루게 되는 게 어찌나 신기했던지. 평소에 호기심이 가득했던 나는 어느 해 봄, 꼭 한번 그 변색된 각시풀에 불을 붙여보고 싶은 마음이 굴뚝같이 자리 잡고 있었다.

이윽고 어느 날, 내 동생 신응이와 동네 친구, 용복이, 예옥이를 데리고 봄나물 캐기를 위장한 각시풀 불붙이기 작전을 실행하게 되었다. 나는 먼저 솔가지를 꺾어 하나씩 그들에게 들려주고, 지름이 3m쯤 되는 원 밖에 그들을 둘러서게 했다. 내가 불을 붙이면 신호와 함께 원 밖에 세 사람에게 불을 끄라는 시나리오까지 준비했다. 그런데 내 예상과는 다르게, 불을 붙이자마자 살랑이는 봄바람이 불씨를 날라, 무섭게 불길이 번져 가는데 어찌나 무서운 마음이 들던지…….

다행히 신속한 속도로 준비한 세 사람이 손에 들고 있던 솔가지를 휘둘렀으나, 솔가지를 휘두르면 휘두를수록, 불똥이 반대쪽으로 튀어 갔다. 번져가는 불을 막기 위해 우리 네 명이 얼마나 온힘을 다해 솔가지를 휘둘렀는지 모른다. 땀에 옷이 다 젖어가도록 불을 막은 우리들 얼굴에 훈장처럼 시커먼 불탄 재들이 묻어버렸다. 그 시커멓고 땀에 범벅된 얼굴을 서로 바라보며 땅바닥에 주저앉아 배꼽을 잡고 뒹굴며 웃었던지…….

그 후 1978년 내가 월가성결교회 담임전도사로 목회할 때, 설교 중에 이런 메시지를 선포했다. 예루살렘 교회가 땅 끝까지 복음의 증인이 되라 명령하신 주님의 뜻과는 반대로, 사도행전 2장 46절을 보면 "날마다 마음을 같이하여 성전에 모이기를 힘쓰고 집에서 떡을 떼며 기쁨과 순전한 마음으로 음식을 먹고"처럼 흩어지려 하지 않을 때, 스데반 집사의 순교를 계기로 예루살렘 교회의 핍박이 시작되자 성령 받은 교인들이 그때서야 사방 여러 곳으로 흩어졌다. 그로 인해 복음의 불꽃이 유럽 일대로 퍼져나가 안디옥 교회는 물론 이방인 전도에 물꼬를 튼 것처럼, 불꽃을 끄기 위해 치면 칠수록 더 많이 번져나간다는 설교를 하던 중, 어릴 적 각시풀 더미 불지르기 사건 속에 그 시커멓고 땀에 젖은 얼굴들이 생각나 웃음을 참느라 필사적으로 애썼던 기억이 난다.

염소가 데려다 줄까?

우리 집은 어머니께서 딸만 다섯을 낳으신 후에(첫째 딸은 1살 때 죽음) 뒤늦게 아들 둘을 낳으셨다(큰아들 현웅, 작은아들 권웅). 여섯 번째로 아들을 얻은 어머니는 세상에 둘도 없는 아들을 키우시느라 아들 바로 위 누나인 넷째 딸 경웅(산돌교회 권사)을 1년 꿇려서 남매를 동창생으로 만들 정도로 아들을 아끼셨다.

하루는 어머니께서 일꾼들과 밭에서 일을 하셨고 현웅이가 배가 고파서 울고 있었다. 나는 배고파 우는 현웅이가 안타까워서 얼른 업고 어머니가 계신 밭으로 아기를 데려가 젖을 먹이려고 가고 있었는데, 워낙 덩치가 작고 약했기에 무더운 뙤약볕에 아기를 업고 가는 일이 여간 힘든 게 아니었다. 그런데 때마침 길가에 염소 한 마리가 서있는 게 보였다. 순간적으로 저 염소 위에 올라타면 힘들이지 않고 어머니가 계신 밭으로 갈 수 있겠구나, 하는 생각이 들었다.

그래서 현웅이를 업고 얼른 염소 등에 올라탔다. 그런데 염소가 놀랐는지, 소리를 지르며 뛰기 시작하는 바람에 나는 아기 현웅이를 업은 채로 약 2m나 되는 낭떠러지 논바닥으로 굴러떨어졌다. 아기 현응이와 나는 머드팩을 한 것처럼 온통 논흙으로 범벅이 되었다. 나는 어머니께 혼날 두려운 마음에 얼른 길가에 있는 도랑물에 깨끗이 아기를 씻긴 다음에, 내 뒤를 따라오던 동생 신응이에게 내가 먹으려 아껴두었던 참외를 주면서, 어머니께 비밀로 해줄 것을 신신당부했다. 신응이는 금방 참외를 집어 들고서는 비밀을 꼭 지키겠다고 약속했지만, 참외를 다 먹은 후에는 아기가 걱정되었는지, 어머니를 보자마자 금쪽 같은 아들 현응이를 논두렁으로 구르게 한 일을 폭로하고 말았다. 그때 어머니가 어찌나 불같이 화를 내시던지…….

또 우리 집은 한여름에는 토종닭을 길렀다가 복날이 되면 가마솥에 옻을 넣고 푹 삶아서 먹고는 하였는데, 현응이가 세 살쯤 되었을 때의 일이다. 그 귀한 아들이 옻이 올라서 항문이 가렵다며 밤새 잠을 못 자고 울며 떼를 섰던 적이 있다.

나는 그런 남동생이 안쓰러워 얼른 현응이 옷을 벗기고 등에 업고서 신응이에게 풍고(왕겨를 땔 때 잘 타도록 바람을 일으키는 기구)를 들려주며, 현응이 항문에 대고 돌리라고 하였다. 그래도 시원하지가 않았는지 뜨거운 여름날 계속 울어대는 현응이를 업고서, 무거운 쇳덩어리 풍고는 신응이에게 들려주고는 온 동네를 저녁이 다 되도록 몇 바퀴를 돌았다. 그날 저녁 나와 신응이는 기진맥진해서 그냥 고꾸라져 얼마나 깊은 잠을 잤었는지…….

신기산 부흥회

여덟 살이 되면서(1960년) 나는 서울에서 공주로 내려와 석송초등학교에 입학했다. 키가 작았던 나는 언제나 맨 앞줄에 서고, 앞줄에 앉는 특혜를 누렸는데 가난했던 그 시절, 그래도 우리 형제들은 스펀지 점퍼에 코르덴바지를 입고 다니며 "사장 딸, 사장 딸" 소리를 들으며 선생님들의 귀여움을 많이 받았다.

특별히 나는 학예회 때는 이영숙과 둘이서 빨간색 캉캉 원피스를 입고 징글벨 무용을 했고, 운동회 때면 혼자 교단 위에서 도라지, 아리랑 무용을 했다. 내가 그린 그림이나 붓글씨는 항상 게시판에 붙여져 있었고, 그러다가 3학년이 되었을 때에는 5학년 교실에 불려가서 노래를 부르기도 하며, 한 번도 선생님께 꾸중을 들어본 적이 없을 만큼, 선생님들의 말씀에 항상 순종하였다.

그러던 중 여름방학이 되었다. 밭으로 어머니 심부름을 갔는데, 같이 살고 계셨던 우리 할머니께서 내게 하시는 말씀이, "난응아 밭가에 심어놓은 강낭콩을 빨리 뽑으면, 내일모레 어디 좋은 데를 데리고 가겠다"라고 하셨다. 할머니와 여행 갈 생각에 부푼 나는 즐거운 마음으로 손바닥이 부르트도록 순식간에 강낭콩을 다 뽑았다. 약속대로 며칠 후 새 원피스를 입고 할머니를 따라 갔던 곳이 공주 시내 버스 정류장이었다.

할머니는 그때 나에게 아이스케이크를 하나 사주시고, 시원하게 아이스케이크를 먹으며 다시 버스를 타고 10여 분쯤 가다가 내렸는데, 그곳이 바로 나의 운명을 바꾸어 놓았던 신기산 기도원이었다.

내 나이 10살 때, 처음으로 가본 그곳은 깊은 산속에 건물 하나 없는 기도원으로, 산 중턱에 텐트를 치고 산 위쪽에 강대상을 하나 놓고, 송진이 잔뜩 묻어 있는 소나무 가지를 꺾어 강대상에 못을 박아 불을 붙이고, 중간 중간에 겨우 몇 개의 호롱불을 걸어 불을 밝혀 예배를 드리는, 산상 부흥회 장소였던 것이다.

나는 그때 생전 처음으로 신현균 목사님의 설교가 은혜로 다가와 기차소리, 비행기소리, 뱃고동 소리를 들으면서 시간 가는 줄 모르고 흠뻑 빠져 들었다. 그 중에 제일 기억나는 것은 배를 타고 남한으로 가족들과 함께 피난 나올 때 공산군이 쏘는 빗발치는 총알이 단 한 발도 배 안으로 떨어지지 않도록 하나님이 지켜주셨기에, 오늘날 목사가 되어 이 강단에 섰다는 간증이었다. 또 목사님은 산상 기도회에 모인 사람들에게 이렇게 물었다.

"여러분의 자녀들 가운데도 비행기 타고 다니면서 복음 전하는 하나님의 종이 나오길 바라는 사람은 손들고 아멘 하시오."

그때 할머니께서는 한 치의 망설임도 없이 두 손을 번쩍 들고 "아멘"을 외치셨고, 나 역시도 그때 부흥사가 되게 해달라고 기도했다.

집회가 끝난 시간에도 할머니의 뒷모습이 보일 만큼의 간격을 두고, 소나무를 부여잡고 애쓰며 기도했다.

또한 "회개는 청산이다"라는 말씀에 감동을 받은 나는 집회를 마치고 집에 돌아와 하나님과의 약속을 지키기 위해 나의 보물 상자 1호를 열어서 줄줄이 꿰어 상자 가득히 차곡차곡 쌓아놓았던 실핀, 옷핀, 잠그는 핀 등을 집집마다 나누어 주고, 그 이후에 다시는 핀치기 따먹기를 하지 않았다.

"너희가 음란과 정욕과 술취함과 방탕과 향락과 무법한 우상 숭배를 하여 이방인의 뜻을 따라 행한 것은 지나간 때로 족하도다"(벧 4:3).

열 살짜리 부흥사

내가 아끼고 소중히 여기던 핀을 집집마다 나누어 주는 것을 목격한 가족들은 나에게 은혜 받은 이야기를 해달라고 부탁하기 시작했다. 나는 기다렸다는 듯이 신바람이 나서 온 가족(할머니, 어머니, 작은어머니, 고모, 언니들과 동생들)을 아랫목에 쭉 앉혀놓고, 나는 윗목에 자리 잡고 앉아서 신현균 목사님의 설교를 들은 내용으로 매일 밤 가족 부흥회를 열었다.

열 살짜리 부흥사의 설교를 들은 가족들은 밤마다 감동 어린 눈물로 말씀을 경청했다. 이렇게 은혜를 끼친 나는 그 여세를 몰아서 두 번째 부흥회를 계획했는데, 그 대상자들은 동네 아이들이었다. 같이 놀기만 했던 동네 아이들을 모두 다 불러 나란히 앉혀놓고 나서 강대상 대신 베개를 4개 쌓아서 올려놓고 60년대에 가장 많이 불렀던 찬송 "울어도 못하네", "먹보다 더 검은", "믿는 사람들은 군병 같으니", "변찮는 주님의 사랑과"를 몇 시간이고 계속 이어 부르기 시작했다.

얼마큼 불렀는지 동네 아이들은 목이 다 쉬었고 나 역시도 목이

쉰 상태에서 설교를 하기 시작했는데 "철저하게 회개하라", "철저하게 청산하라"는 설교 말씀을 하며 동네 아이들에게 이전에 같이 기동이네 집 참외 한번 따먹은 것과 묘하네 복숭아 한번 따먹은 것까지 모두 회개하게 하고, 나 역시도 다시 회개하였다. 그러고 난 다음에 다 같이 통성으로 기도하게 하고 나서 내가 직접 동네 아이들에게 안수기도까지 해주었다.

예배가 다 끝난 후, 모두의 얼굴에는 땀방울이 흘러내렸고, 방을 둘러보니, 찬송하고 기도하면서 얼마나 강대상이었던 베개를 두드렸는지 다 터지고, 왕겨가 흘러나와 방안은 온통 뿌연 연기로 가득 차 있었다.

얼마 후에 동네에 있던 무당집에서 굿판이 벌어지고 있다는 소식을 접했다. 나는 은혜 받은 이후라 그들이 지옥에 갈 것이 너무나 불쌍해서 도저히 집에 가만히 있을 수가 없었다.

내 동생 신웅이와 경웅이를 데리고, 한창 굿판이 벌어지고 있는 무당집 윗방으로 몰래 들어가서 동생들과 같이 기도하기 시작했다. 그런데 그 순간, 갑자기 굿을 멈춘 무당이 내가 윗방으로 들어오는 것을 보지도 못하였는데도 "난웅아, 빨리 애들 데리고 집으로 가라. 안 가면 나 오늘 몹시 고생한다" 하는 것이었다. 그 말을 듣고 보니 무당이 고생을 해서는 안 되겠고, 막상 숨어 들어와 보니 뾰족한 수도 떠오르지 않아 무당의 말대로 동생들을 데리고 집으로 돌아왔다.

그러고 나서 2년 뒤에, 강순식 목사님을 모시고 장원감리교회에서 부흥회가 열렸는데, 그 무당과 무당 아들(복식)이 함께 부흥회에 참여한 것이었다. 그때 하나님이 역사하셔서 무당이 회개하고 간증을 하는데, 그 무당이 하는 말이, 아픈 사람을 위해 굿을 하면 귀신이 떠나가기는 하는데, 전에 살던 곳의 지붕이 보일 만큼만 떠났다가 다시 들어가는 것을 되풀이한다고 했다.

그런가 하면 어느 추운 겨울날 우리 마을에서 가장 가난했던 집 3남매가, 내의도 없이 홑치마를 입고서 우리 집 앞을 지나가는 것을 보게 되었다. 나는 그 아이들이 불쌍해서 참지 못하고, 앞 샘에서 물을 길어 가마솥에 붓고 따뜻하게 데운 다음에 지나가는 아이들을 집으로 데려다가 그들의 머리를 깎고 일일이 서캐(머릿니 알)를 잡아 준 다음에, 따뜻한 물에 머리를 감겨주고, 언니와 나, 신응이 세 사람의 담요 바지(사지쓰봉)를 그들 3남매에게 입혀서 보냈다. 그런데 문제는 그 귀한 담요 바지를 언니의 의향도 물어보지 않고 먼저 줘버려서, 나중에 집에 돌아온 언니에게 얼마나 오래도록 꾸중을 들었는지 모른다.

몇십 년 후에 언니가 결혼을 하고 나도 사모가 되었을 때, 언니가 그때 바지 사건으로 꾸지람 준 것을 사과한다며 편지를 보내왔다. 내용인즉, 너는 사모가 되려고 어릴 적부터 다른 사람과 다르게 자랐는데 그것도 모르고 나는 바지 준 것을 오래도록 나무랐다며, 언니를 용서하라는 것이었다. 그러다가 내가 목회를 하며 예배당을 건축하고 어려움을 당할 때에 언니는 "형제는 위급한 때를 위하여 났느니라"(잠 17:17) 하며 나를 위해 많은 희생을 감당하기도 하였다.

개구리탕 배달 왔습니다

　나는 형제들 중에 할머니를 가장 많이 따라다니며 여기저기 세상 구경을 했다. 동네에서는 며느릿감을 선보러 갈 때면 꼭 우리 할머니를 모시고 갔는데, 그때마다 나는 할머니를 따라갔다.
　언젠가는 할머니를 따라 산을 넘고 작은 시냇물을 건너 모르는 동네에 도착했는데, 예쁜 색시가 우리 일행에게 절을 하니, 나는 자연스럽게 할머니 옆에 앉아서 큰절을 받은 셈이 되었다. 그리고는 곧 점심상을 차려 나왔는데, 일 년에 몇 번 먹어보기 힘든 굴비와 김 그리고 계란찜 등을 먹어보는 행운을 만나게 되었다.
　그러다가 그 일을 까마득히 잊고 살던 어느 가을날 모처럼 시골길에 뿌연 흙먼지를 일으키며 트럭 한 대가 마을 입구에 들어오는데, 운전사 옆에 앉아 있는 사람을 보니 그때 보았던 그 예쁜 색시였다. 그것을 본 나는 동네 아이들에게 너희들 저 색시에게 큰절 받아 보았느냐고 물었고, 동네 아이들은 나에게 말도 안 되는 소리라고 핀잔을 주며 무시했으나 "나는 절 받아봤지"라고 하며 내 가던 길을 갔다.

유난히 할머니를 좋아했던 나는, 학교에서 공부를 하면서도 늘 할머니 걱정을 많이 했다. 우리 할머니는 고기를 드시고 싶을 때 못 드시면 자주 위경련을 일으키셨다. 우리 집에서 학교까지의 거리는 약 5.7km나 되었는데, 그 길에는 꽤나 넓었던 정안천이 흘렀다. 여름 홍수가 지나고 가을에 접어들 무렵이면, 홍수 때 미처 빠져나가지 못했던 고기들이 고물고물 모여 있는 웅덩이들이 많이 있었다. 학교에서 집에 가는 길에 나는 얼른 빈 도시락을 꺼내어 물고기를 잡기 시작했고, 운이 좋은 날에는 물고기들을 가득 잡아 즐거운 마음으로 집까지 뛰어가기도 하였다.

집에 돌아온 나는 할머니를 위해 미꾸라지 요리를 해드렸다. 그때 큰 그릇에 미꾸라지를 넣고, 왕소금을 뿌려 뚜껑을 닫아 놓고 몇 분이 지나면 그 속에서 서로 파닥거리다가 곧 미끌미끌거리지 않는 깨끗한 미꾸라지가 된다. 여러 번 깨끗한 물로 씻어서 고추장을 풀고, 풋고추와 파, 마늘을 넣고 숯불 풍로에 불을 피워 자글자글 끓이면 얼마나 맛있는 미꾸라지 매운탕이 되는지……. 요즘 어느 유명한 추어탕 집에서도 맛 볼 수 없는 그런 환상적인 맛이었다.

때로는 운이 좋지 않아서 물고기를 못 잡은 날에는, 논두렁을 다니면서 개구리를 잡아 뒷다리만 잘라서 껍질을 벗긴 후에 깨끗이 씻어서, 미꾸라지와 같은 양념으로 끓인 다음 뜨거운 숯불 풍로를 들고 밭으로 뛰어가 밭고랑에서 김을 매고 계신 할머니께 갖다 드리면 감격하신 할머니는 밭고랑에 앉으신 채로 나를 위해서 푸짐한 기도를 해주셨다.

그 기도를 받을 때면 어린 마음에 얼마나 뿌듯하고 흐뭇했는지 모른다. 어린 시절 할머니가 안 계셨고, 고모들이 안 계셨다면 지금의 나는 어떻게 달라졌을까 생각해본다. 막내고모는 시집가던 날 머리에 족두리를 쓰고도 아쉬운 마음에서 그때 제일 어렸던 넷째 경웅이를 업어주셨다.

  요즘 현대인의 가정교육에는 적잖은 문제가 있다고 생각한다. 사람은 세대가 어우러져 살며 갈등과 부딪힘을 통해 서로 다듬어지고 양보와 희생과 인내를 배우게 되는데, 핵가족이란 명분하에 이기주의와 개인주의만 더욱 발달하지 않았나 생각한다.

늙은 고양이는 쥐를 잘 쫓는다

할머니는 둘째 작은아버지를 먼저 하늘나라로 앞서 보내셔서 그런지 50대 중반에 화병으로 인해 앞을 못 보시게 되었다. 그래서 나는 3.7km 떨어진 마을에 있는 교회에 예배를 드리기 위해 가끔 할머니를 업고 교회에 갔다.

그때마다 나의 작은 등에 업혀 가시는 할머니는 보답이라도 하시는 양 "하나님, 난응이에게 말 다리 기운, 황소 기운을 주시고 훌륭한 주의 종이 되게 해주세요"를 반복하며 예배당 입구에 도착할 때까지 기도하시고 "아멘"을 계속하셨다.

우리 할머니는 기도하는 시간을 제외하고는 늘상 문 앞에 앉아 밖에서 일어나는 소리에 귀를 기울이고 계신데, 그것을 잘 알고 있는 나는 장난기가 발동하여 집으로 돌아올 때면 신발을 벗어들고 발소리를 줄인 다음 소리 없이 걸어가서 방문 앞에 앉아계신 할머니께 "경찰이다, 손들어라" 하고 소리를 질렀다. 할머니는 두 손을 높이 올려 들고 "옜다, 손들었다" 하면서 장난기 많은 나에게 맞장구를 쳐주

기도 하셨다.

우리 가족은 효성이 지극하여 효자상, 효부상을 4명이나 받았는데(어머니, 작은아버지, 작은어머니, 내 동생 권웅) 할머니가 돌아가실 때까지도 가끔 보약을 달여 드시게 했었다. 그러면 할머니께서는 죽을 때 고생한다면서 왜 앞 못 보는 늙은이를 오래 살게 보약을 주느냐며 마다하셨지만, 우리 가족들은 할머니께 "'늙은 고양이가 야옹야옹 하고 있으면 쥐새끼 한 마리도 못 들어오는 법'인데 건강하게 오래오래 사시면서 우리를 위해 기도 많이 해주세요" 하면서 지극정성을 다하였다.

자식 사랑이 유난히도 많으셨던 할머니는 아랫목에서 윗목까지, 윗목에서 아랫목을 오가시며 하루종일 기도하기를 반복하셨는데, 그렇게 열정적으로 기도하셨던 할머니의 기도는 첫 번째 "우리 동네사람 모두 구원받아 지상천국, 에덴동산 같은 마을이 되게 해주세요", 두 번째는 "내 자식 남의 자식 똑같이 다 잘되게 해주세요"였고, 세 번째로는 "죽을 때 다른 사람 고생 안 되게 달 밝고 따뜻한 때에 죽게 해주세요"였다.

그렇게 평생을 기도하시던 할머니는 돌아가시던 1983년 음력 2월 15일 그 날, 문병온 친척들과 온 동네 사람들에게 예수 믿고 천국에서 만나자고 전도하신 후에 우리 동네 최 장로님께 본인 돌아가시면 "장로님께 또 신세 지겠네요"라고 인사하신 후 "나는 내일 새벽 5시에 천국 간다" 말씀하시고 89세의 일기로 숨을 거두셨다.

신기한 것은 정말 새벽 5시가 되자 주무시는 듯이 하나님 품으로 돌아가셨고, 숨을 거둔 할머니의 얼굴은 뽀얗게 화장을 한 것처럼 평소에 있던 검버섯이 사라졌고, 염을 하려고 시신을 열었을 때는 주무시는 것과 같은 평안한 모습이었다.

김종필 전 국무총리, 윤길중 국회의장, 국회의원 오유방, 임택근, 박찬 씨의 화환을 받고 정의연합청년회(정안면 의당면) 주관으로 은혜로운 장례식을 마쳤다.

"모든 눈물을 그 눈에서 닦아 주시니 다시는 사망이 없고 애통하는 것이나 곡하는 것이나 아픈 것이 다시 있지 아니하리니 처음 것들이 다 지나갔음이러라"(계 21:4).

나의
아버지와 어머니

할머니께서는 늘 "네 애비는 12살에 천자를 떼었으며 독학으로 공부하여 일본어와 중국어를 터득했다"라고 말씀하셨다. 할아버지께서는 선비시라 한번 집을 나가시면 몇 달 만에 돌아오기를 자주 하셨으므로, 효성이 지극했던 우리 아버지는 12살 때부터 천안에서 자전거 배달을 하면서 가족을 부양하셨다.

그러다가 16세의 나이로 일본과 중국을 돌아다니며 과자 기술을 배우면서, 당시 독립 운동가였던 김구 선생을 중국에서 만나 그의 영향을 많이 받았다고 말씀하셨다. 나에게도 항상 본인이 존경하는 인물은 이승만 대통령과 김구 선생이라 하시면서 이승만 대통령이 하셨던 말씀 중에 "나라사랑하는 마음에 세월 가는 줄 몰랐다"라는 글귀를 붓으로 쓰면서 눈물을 흘리시는 모습을 본 기억도 있다.

나의 어머니 말씀에 의하면, 3·1운동 무렵, 아버지(고 박주헌 집사)는 마을 청년들을 데려다가 저녁마다 모여 이불로 창문의 불빛을 가려가며 국대접을 엎어놓고, 태극기를 그려놓는 작업을 하셨다고 한다. 그러다가 만세를 부르러 국도변에 나갔는데, 때마침 트럭을 몰고 오는 일본군을 만났다. 그때 아버지는 유창한 일본어로 저 뒤에 미군들이 몇 트럭 몰려오니 빨리 도망가라고 말씀하셔서, 우리 마을 모든 사람을 살리신 적도 있다고 한다.

그 당시 아버지는 동대문에서 호두과자, 센베이, 밤과자(나마까시), 옥고시, 눈깔사탕(아미다마) 공장을 경영하셨고, 그 후 을지빌딩 부사장을 지낸 후에는 서대문구 대의원 평화통일 자문위원, 새마을 회장 등을 역임하면서, 마을 사람들을 위해서 많이 봉사하셨다. 1970년대 초, 새마을 지도자로 박정희 대통령상도 받으셨고, 포상금 300만 원(지금 돈의 가치로는)을 홍재동 마을 도로 포장공사를 위해서 기부하셨고, 산동네 철거민을 위해 박정희 대통령께 편지를 보내서 녹번동에 서민 아파트를 지어 분양되게 하신 일도 있었다.

그러던 중에 한강 모래 채취 사업에 당시 6,000만 원을 투자했다가 실패한 뒤로는 모든 경제활동을 중단하고 가끔 시골 땅을 팔아 생활비를 충당하시다가 2002년 집사 된 지 8년 만에 하나님 나라에 가셨다.

가끔 우리 형제들이 모여 이야기할 때면 아버지께서 집안 사람들이나 형제, 이웃에게는 잘했지만 자식들을 위해서는 아무것도 남겨주신 것이 없기에, 인생을 실속 없이 살았던 헛똑똑이라고 말하는 형제도 있었다. 하지만 나는 우리 아버지를 그렇게 평가하지 않는다. 내가 어릴 적 아버지는 대종손이 잘 살아야 된다면서 논 두 마지기(400평)를 사주셨고, 둘째 작은아버지가 시골 땅을 담보로 돈을 빌려 쓰셨다가 넘어가게 되자 그 빚을 다 갚아 땅을 찾아주셨으며, 셋째 작은아버지가 시골 땅을 담보로 콩나물 공장을 차렸다가 부도가 났을 때도, 나에게 노란색 선학밥통을 가지고 서울로 오라 불러서 그 밥통에 700만 원을 꾹꾹 담아 보자기에 싸주시며 '네 손으로 작은아버지 빚을 갚아주라'고 말씀하셔서, 내가 조합에 갔던 기억도 있다.

얼마 전 우연히 읽었던 《약자의 전략》이란 책에서 일본 야즈야라는 기업 사장님이 남긴 말 중에 "평생 동안 재산을 남긴 사람은 하수요, 기업을 남긴 사람은 중수, 인재를 남긴 사람은 상수, 누군가에게 감동을 남긴 사람은 최상수"라는 말에 많은 감동을 받았다.

비록 우리 아버지께서 자식들에게는 많은 재산을 남겨주지 않으셨지만, 수많은 사람들에게 큰 감동을 남기고 가신 아버지를 나는 자랑스럽게 생각한다. 요즘 같은 개인주의와 물질 만능주의가 팽배한 세상에서는 절대로 찾아볼 수 없는 일을 하셨다고 자부한다.

나는 지금도 가끔 한국에 나갈 때면, 아버지께서 계시지 않는 서울 땅이 왜 그렇게 허전하고 뻥 뚫린 것처럼 느껴지는지 모르겠다. 그것은 아마도 아버지의 부재가 너무도 큰 그리움으로 느껴지기 때문일 것이리라. 비록 내게 물질적으로 남겨주신 것이 없을지라도 그분은 나의 '아버지'이고 나는 남겨진 그분의 혈육이기 때문일 것이다.

나는 어머니(서광희 집사)를 생각하면 복잡한 감정들이 엇갈리는 것을 느낀다.

어릴 적 나의 기억 속에 어머니는 매우 무섭지만 정이 많고 여리신 분이었다. 자식들 교육이라면 무섭게 회초리를 드셨으나, 가난한 이웃에게는 된장, 고추장을 잔뜩 퍼주셨던 나의 어머니! 그래서 나그네와 보따리장수들에게는 언제나 단골 숙소를 제공했고, 17세에 아버지를 만나 결혼하시고, 19세에 씨앗(첩) 꼴을 보셨어도, 아버지 형제 5남매를 다 결혼시키고, 앞 못 보는 시어머니를 지극정성으로 모셨다. 게다가 첩의 자식도 내 자식이라며 저녁마다 그들의 이름을 불러가며 기도하셨던 나의 어머니.

나 어릴 적 아버지께서 첫 번째 작은부인을 보셨을 때는, 그가 아이를 못 낳았기에 한 달에 한 번 정도 공주로 내려오셨고, 두 번째 작은부인을 보셔서 3남매를 얻으신 후에는 1년에 세 번 어머니를 찾아오셨다. 나의 어머니는 1년에 세 번 만나는 남편을 믿고 우리 6남매를 키우느라 한평생을 눈물로 보내셨다. 오직 하나님 사랑하는 믿음으로 인내하시며, 그 많은 세월을 희생과 눈물로 묵묵히 감당하며 우리를 키워주신 고맙고 자랑스러운 분이시다.

여름 방학이 되면 서울에서 이복동생 3남매(진웅, 진실, 만웅)와 서울 작은어머니 여동생의 아들인 석이와 명진이까지 공주 집에 놀러왔었다. 한창 일할 여름철, 일손이 딸리는 가운데서도 놀러온 손님들을 대접하신다고 음식을 만들어 주셨고, 또 새 신을 신고 싶어 신고 있던 신발을 찢어버린 석이에게 새 신을 사주려고 어머니는 쌀을 머리에 이고 가셔서 새 신을 사서 신겨 보내기도 하셨다.

워낙 부지런하신 어머니 탓에, 우리 집은 항상 다른 집보다 농사가 잘 되었는데, 주먹만큼씩 자란 마늘은 제일 좋은 것은 교회로 가져가시고, 두 번째 좋은 것을 골라서 서울 집에 보내시곤 하였다. 그리고 정작 힘들게 농사 지으신 어머니는 호미에 찍혀서 상처 난 마늘만 골라가며 잡수셨다.

평생 우리들 앞에서 아버지와 다투지 않으셨고, 못 살겠다 보따리

들고 나가지 않으셨고, 백년가약 지키시느라 아버지만 사랑하고 사모하며 정절을 지키셨던 분이 나의 어머니시다. 얼마나 훌륭한 사람이 되어야, 내 인생의 자존심을 짓밟고 나의 행복과 가정을 빼앗아간 사람들에게 끊임 없는 용서와 사랑을 베풀 수 있을까?

그런 내 어머니의 사랑이야말로 아픈 사랑이었으며, 그나마 커가는 자식들의 모습을 위로로 삼으셨던 어머니의 아픈 행복이었다.

그렇게 고마우신 어머니였건만, 나는 늘 아버지가 어머니를 진심으로 사랑하지 않는데 왜 나를 낳았나 하는 것이 불만이었다. 물론 속으로만 생각했었지만 말이다.

그러다가 나는 1980년 4월 6일 사랑하는 큰딸 윤나라를 낳던 날, 3일 동안 온갖 고생을 하고 막 세상에 태어난 핏덩이 내 딸을 바라보며, 그제서야 어머니의 희생과 아픔을 온몸으로 느낄 수가 있었다.

그때까지 나는 부모님께 별로 신세를 지지 않고 살았다고 생각하였기에 진심으로 감사할 줄을 몰랐는데, 세상에 우리 엄마가 나를 이렇게 힘들여 낳았다니! 그때, 얼마나 미안하고 죄송하고 감사했는지 눈물이 앞을 가려 차마 미역국을 먹을 수가 없었다.

또 어머니 이야기 중에 빼놓을 수 없는 일은, 우리 어머니는 꿈꾸는 은사가 너무나 정확하고 확실하신데, 한번은 어머니가 꿈을 꾸고 동네 사람들을 찾아가서 어젯밤 꿈에 경찰이 와서 아무개와 아무개 두 사람에게 수갑을 채워 데려가는 것을 보았으니 "혹시 술이 있으면 잘들 감추어라"라고 하셨다. 어머니의 말씀을 들은 그 두 사람은 무슨 소리냐고 펄쩍 뛰면서 부정하였지만, 결국 그날 저녁 무렵 두 사람은 정말 수갑에 묶여서 경찰서로 끌려갔다. 나중에 알고 보니 그들은 술이 아니라 산속에 밭을 일구어 양귀비를 재배하였는데, 정찰 헬기에 발각되어 어머니의 꿈이 현실로 맞아 떨어졌던 것이다.

뿐만 아니라, 더욱더 신기했던 기억은, 어느 날 꿈을 꾸신 어머니가 동네 어른들과 함께 모인 자리에서 "앞으로 우리 동네에 길을 넓게 닦을 것인데, 이상하게도 검둥이, 흰둥이, 노란머리, 파란 눈을 한 사람들이 들어와서 산 중턱을 깎아서 길을 낼 것이다"라고 말씀하시자, 마을 사람들은 그때 이뿐 엄마(막내동생 경옹의 애명) 꿈이 아무리 정확해도 그건 아닌 것 같다고 일축해버렸다.

그러나 불과 5년이 지나지 않아 (고) 박정희 대통령이 새마을 사업을 한창 추진 중일 때, 한동네에 살고 있던 셋째 작은아버지께서 새마을 지도자로서 분산 농가를 집단 농가로 이주시키기 위해 거의 우리 땅에 11채의 집을 지을 때, 세계평화봉사단에 속해 있던 12개국 학생들이 와서 우리 동네 산을 깎아 넓은 길을 만들게 되었다. 우리 어머니가 꿈에 보았던 바로 그 자리에서 말이다.

내가 결혼할 때에도 우리 집안에서 반대가 무척이나 심했었는데 (가난한 목사의 아들이라는 이유에서), 그때 반대하시던 어머니의 꿈에 나의 신랑감이 공주에서 왔는데 비행기를 타고 왔더라는 것이었다. 어머니는 그 꿈을 꾸고 나서야 그 당시 공주가 고향이었던 윤철현 전도사와 나의 결혼을 허락하셨다.

나는 가끔 '왜 내 남편이 비행기를 타고 왔을까' 늘 궁금하게 생각했었는데, 1998년 캐나다에 와서 처음 5년간은 매년 대구에 부흥회를 초청받아 한국을 오가는 비행기 안에서 어머니의 꿈을 이해하게 되었다.

창세기 37장 5절을 보면 요셉이 꿈을 꾸고 그 꿈을 하나님께서 이루심으로 이스라엘은 마침내 거대한 민족을 이루어 장정만 60만이 출애굽할 수 있는 대민족의 역사를 이루었다(출 12:37). 하나님께서는 이렇게 당신의 뜻을 이루실 때 누군가에게 꿈을 꾸게 하시고, 그 꿈을 현실로 만드신 것을 우리는 성경 여러 곳에서 찾아볼 수 있다.

"너희 늙은이는 꿈을 꾸며 너희 젊은이는 이상을 볼 것이며"(욜 2:28)라는 말씀처럼, 하나님은 힘들고 어려운 개인이나 민족에게 꿈과 환상을 통해 소망과 용기를 주시고, 하나님의 때를 기다리며 믿음의 선한 싸움을 잘 할 수 있도록 힘을 주신다.

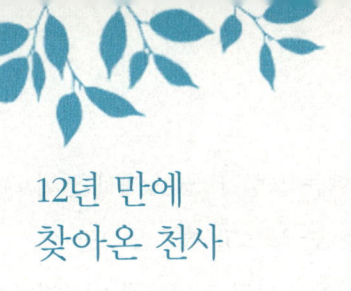

12년 만에
찾아온 천사

　나는 다섯 살이 되던 해에 1958년 고 윤혁주 목사님이 담임으로 계셨던 덕학침례교회를 다녔는데(나의 시아버지) 그 당시에는 동네에서 우리 집과 윤일현 목사(남편의 형님)의 처가댁인 최 장로님 댁 두 집만이 예수를 믿었다.

　나는 두 개의 큰 산을 넘어 다니며 교회를 다녔다. 교회 가는 산길에는 아그배(돌배), 깨금, 보리수와 떡갈나무 열매들이 있었고, 봄이 되면 제일 먼저 샛노란 동백꽃과 핑크빛 진달래꽃이 온 산을 예쁘게 물들였으며, 맑은 물소리가 졸졸 흐르는 도랑가에는 가재들이 슬금슬금 기어 다니며 놀고 있었다.

　꽃을 꺾고, 가재를 잡고 싶은 유혹을 물리치고 예배에 늦을세라 빠른 걸음으로 예배당에 도착했을 때, 나는 평생에 처음으로 코가 높은 미국 선교사를 보게 되었다.

　어린이 예배가 먼저 끝나면, 어른 예배가 끝날 때를 기다리며 명 집사님 댁에 가서 집사님의 아들이었던 안상호 오빠 형제들과 같이 뛰어놀았다. 봄에는 삘기를 뽑고, 가을에는 도랑가 물 속에서 떨어진 알밤을 주워가며 재미있게 시간 가는 줄 모르고 놀고 있으면, 어느새 예배를 마치고 돌아오신 명 집사님이 커다란 질그릇에 열무김치를 넣고 보리 비빔밥을 해주신다. 그 밥맛이 얼마나 일품이었는지…….

그러다가 우리 집은 산 고개를 넘어 다니기가 쉽지 않은 일이라 가까운 곳에 있는 장원감리교회로 옮기게 되었다. 서울에서 과자공장을 경영하시던 아버지께서는 몇 차례의 사업으로 경제적 위기를 만나게 되었고, 가세는 기울어져 해마다 시골 땅을 팔아가기 시작하였다. 이때 나는 고등기술학교에 다니며 편물을 배워서 가정에 도움이 되려고 집에서 털실 종류의 옷가지를 만들며 지내고 있었다.

조금씩 모은 돈으로 목돈을 마련하려고 계를 들었으나, 계주의 부도로 인해 한 푼도 받지 못했다. 그 무렵 나는 어디를 보아도 구원의 여망이 보이지 않을 만큼, 내 눈에는 오직 사랑하면서도 미워하고, 미워하면서도 사랑하며 한숨으로 살아가시는 어머니를 바라보며 차라리 아무것도 보지 않고, 듣지 않고, 깊은 잠에 빠져들었으면 하는 생각뿐이었다.

그렇게 절망과 슬픔과 안타까움의 칠흑 같은 어둠 속에서 헤매고 있는 나에게, 하나님은 12년 만에 천사를 보내주셨다. 그가 바로 덕학침례교회 명 집사님이었다.

갑자기 나를 찾아온 명 집사님은 우리 가족을 모두 불러 예배를 드리게 되었는데, 그의 목소리가 얼마나 우렁차고 능력이 있었던지 찬송과 기도가 끝난 후에 나는 새로운 것을 결심하기에 이르렀다.

그것은 죽더라도 하나님이 살아 계신지에 대한 물음이었다. 그 당시에 나는 집안이 엄격하여 연애도 할 줄 몰랐고, 주일마다 교회는 출석했으나, 예배가 끝나면 어느새 교회 입구에서 나를 기다리고 계시던 유연관 목사님이 "박 선생! 주일학교 교사 좀 하시오" 하며 내 등을 토닥이는 게 싫어서 축도가 끝나기 전에 먼저 교회 문 밖을 나오곤 했었는데, 명 집사님과 함께 예배를 드린 후에 갑자기 어릴 적 신기산에서 은혜 받던 생각이 났다. 나도 하나님을 만나야겠다는 강한 충동을 느끼며 그날 밤 잠자리에 들었는데, 그날 꿈 속에서 내가 그리던 예수님을 만나게 되었다.

그 당시 박 권사님(최 장로님의 모친)이 "난응아! 예수님이 오시는데 무엇하고 있느냐" 하며 대문 밖에서 나를 부르시기에, 급한 마음에 맨발로 뛰어서 달려 나갔는데, 누가 내 머리를 반대 방향으로 돌려 상봉산 꼭대기를 바라보게 하였다.

그때 아기 천사가 백기를 들고 흔들면서, "천국 백성 만세!"를 외쳤는데, 그 수가 수백인지 수천인지 지나간 후에 예수님이 나타나셨다. 예수님 양쪽에는 한 사람씩 다른 두 사람이 있었고, 흰옷 입은 예수님은 아무런 말씀은 없으셨으나, 나와의 시선을 통해서 무언의 대화가 오고가고 있었다. 인자하신 그분이 나의 아픔이 무엇인지 슬픔이 무엇인지를 꿰뚫어 보시고, 나의 모든 삶을 아시고 보시고 들으시는 살아계신 하나님이심을 깨닫게 되는 순간이었다.

"여호와께서 이르시되 내가 애굽에 있는 내 백성의 고통을 분명히 보고 그들이 그들의 감독자로 말미암아 부르짖음을 듣고 그 근심을 알고"(출 3:7).

내가 예수님을 만났다는 놀라운 감격에 젖어 있을 때, 잠을 자고 있던 나를 깨우는 새벽 종소리가 들려왔다. 모처럼 들어보는 새벽 종소리에 잠이 깬 나는 곧장 일어나 동생 신웅이와 함께 새벽기도회에 가기 위해 찬바람을 헤치고 황량한 들판을 지나 시냇물을 건너 약 40분을 걸어서 교회에 도착했다.

그때가 바로 내가 지옥에서 천국으로 옮겨진 날이었다.

나의 하나님

　1950년대에 일어난 한국 강산의 부흥운동! 그것이야말로 우리 민족의 아픔을 싸매주고 상처를 쓰다듬으셨던 주님의 손길이었음을 나는 확신한다. 또한 한국의 발전과 경제 성장은 물론 한국인이 전 세계에 흩어져 살면서도 긍지와 자부심을 가질 수 있는 것은, 그때 그 시절 힘 없고 능력 없던 우리 민족은 영혼이 잘 되면 범사가 잘 된다는 요한3서 2절 말씀을 굳게 붙잡았고, 성령의 도우심을 힘입어 열악한 환경을 딛고 힘껏 일어섰기 때문이다. 오늘날에는 미국에 이어 전 세계에 선교사를 가장 많이 파송하는 선교 대국이 될 수 있었던 것도 그 시절에 부르짖었던 기도의 열매가 있었기 때문이라고 믿는다.

　나는 30년 전부터, 국가 면적이 적고 자원도 풍부하지 않은 우리나라가 잘 사는 길은 오직 하나님을 사랑하고 말씀대로 순종하며 하나님의 지혜를 얻어 머리로 세계를 재패해야 한다고 외쳤다. 왜냐하면 하나님의 축복은 하나님을 사랑하고 하나님을 갈망하는 민족을 따라 이동하기 때문이다.

16세기에는 스페인, 17세기 네덜란드, 18세기 프랑스, 19세기 영국, 20세기 미국 그리고 21세기에는 아시아가 그 길을 보여준다고 생각한다.

그런데 오늘날 한국 교회의 실정은 어떠한가? 대부분의 교회는 목회자의 왕국이요 성도들은 물질주의 이론이 깊이 뿌리 내려 더 이상의 영적 성장의 필요성을 느끼지 못한 채 살아가고 있고, 젊은이들은 이타적 부흥운동을 보지 못한 채 습관적인 종교생활에 길들어져 있다 보니, 꿈도 없고 목적도 없이 말씀의 홍수에 떠내려가고 있지 않은가?

나의 어린 시절을 돌아보면, 착하고 순진했던 나는 아버지 대신 우리 집 살림을 좌지우지하셨던 작은아버지의 강압적인 처사에 대항하지 못한 채 기술고등학교를 졸업하고 주어진 환경을 숙명처럼 받아들이며 절망과 좌절 속에서 헤어나오지 못한 채 지내고 있었다. 내 뜻대로 못하는 힘든 세상이라면 차라리 죽음을 택하는 것이 상책이라고 생각하고 있던 바로 그때 12년 만에 찾아온 명 집사님을 만나 운명의 길이 바뀐 나는 그 이후 나날이 변하기 시작하여, 마침내 성경을 읽으면서 '나의 하나님'을 만나게 되었다.

1971년 2월 17일, 성경을 읽기 위해 마태복음을 펼쳤는데, 신기하게도 그렇게 지루했던 1장의 족보장이 새롭게 느껴지며 누군가 내 눈을 열고 내 의지와 감성과 이성을 한데 묶어 말씀 속으로 끌고 들어 가는 것이 느껴졌다.

아브라함으로 시작해 42대에 걸쳐 다윗의 자손으로(마 1:7) 또한 유대인의 왕으로 오신 예수님은 내 인생의 왕이셨고, 나의 주인이셨다.

신이신 하나님이 나와 함께 하시려고 '사람의 모양'으로 오신 '임마누엘'이라니!

"보라 처녀가 잉태하여 아들을 낳을 것이요 그의 이름은 임마누엘이라 하리라 하셨으니 이를 번역한즉 하나님이 우리와 함께 계시다 함이라"(마 1:23).

이 얼마나 감격스럽고 영광스러운 사건인가? 나는 그날, 아침 8시부터 저녁 6시까지 쭉 앉아서 마태복음부터 계시록까지 한자리에서 눈을 떼지 않고 읽었다. 평소에 죄가 없다고 생각했던 나는 성경에서 말하는 모든 죄를 다 회개하게 되었고, 성경에서 말하는 모든 약속들을 붙잡았으며, 나를 향한 하나님의 사랑의 넓이와 높이와 깊이가 어떠한 것인가를 깨닫게 되었을 때, 큰 타올을 모두 적셔가며 많은 눈물을 흘렸다.

그때 쉬지 않고 계시록까지 읽고 나니 얼마나 천국에 가고 싶었던지, 성경을 읽던 내 방에서 데굴데굴 구르면서 "하나님! 지금 당장 나를 천국으로 데려가 주세요"라고 부르짖었다. 그러자 주님은 내게 이렇게 말씀하셨다.

"네가 믿는 것과 아는 것과 사모하는 것을 세상에 전해라."

그 말씀을 들은 나는 비로소 내가 왜 세상에서 살아야 하는지를 알게 되었고, 내 삶의 목적과 비전이 생겼으며, 내가 해야 할 일이 무엇인가를 깨닫게 되었다.

그 자리를 박차고 일어나 무릎을 꿇고 두 손을 높이 든 채, 주님이 날 사랑하신다는 말씀 앞에 온갖 설움을 잊어버리고, 받은 사랑에 보답하기 위해, 배고프고 힘들어도 기쁨으로 복음을 위해 살겠다고 주님 앞에 나를 다시 헌신하게 되었다.

그날 이후 나는 예수님의 피로 새사람을 입었고(고후 5:17) 새사람의 눈에 보이는 새로운 세상은 그야말로 말로 다할 수 없는 천지에 충만한 하나님의 능력이고 영광이었고, 온 천지가 하나님의 사랑과 은총의 소용돌이였다(롬 1:20).

나는 하늘을 보며 울고 땅을 보듬고 울었고, 그리도 아름다운 나뭇가지들을 부둥켜안고 감격했을 뿐만 아니라, 반짝반짝 빛나는 냇가의 조약돌과 졸졸 흐르는 시냇물 소리에서도 주님의 음성을 들은 듯 사람이 없는 곳이라면 어디서든지 찬양하고 감사하고 기도하기를 쉬지 않았다.

세상에서 나처럼 행복하고 나처럼 기쁘고 나처럼 더 이상 부러운 것 갖고 싶은 것이 하나도 없을 만큼 만족했던 사람은 아마도 없을 것이다.

"여호와는 나의 목자시니 내게 부족함이 없으리로다 그가 나를 푸른 풀밭에 누이시며 쉴 만한 물 가로 인도하시는도다 내 영혼을 소생시키시고 자기 이름을 위하여 의의 길로 인도하시는도다 내가 사망의 음침한 골짜기로 다닐지라도 해를 두려워하지 않을 것은 주께서 나와 함께 하심이라 주의 지팡이와 막대기가 나를 안위하시나이다 주께서 내 원수의 목전에서 내게 상을 차려 주시고 기름을 내 머리에 부으셨으니 내 잔이 넘치나이다 내 평생에 선하심과 인자하심이 반드시 나를 따르리니 내가 여호와의 집에 영원히 살리로다"(시 23:1-6).

불면증에 시달렸던 나는 그 이후부터 깊은 수면에 들어갈 수 있었으며, 불행했던 가정과 부모에 대한 원망도 안개 걷히듯이 사라지고, 전에 없었던 예지력과 통찰력이 생겼으며 사랑과 용서와 관용의 능력이 내 것이 되었다. 멀리 보고 넓게 보고 깊이 보는 안목과, 그에 따라서 해야 할 일을 할 수 있는 능력과, 해서는 안 될 일을 안 할 수 있는 절제력, 그리고 나의 생각과 입술을 누군가가 다스리고 내 인격을 통제하시는 것을 느끼며, 내 안에 계신 성령님이 내 인생 가운데 운행하시며 나와 동행하심을 경험하였다.

그때 주께서 내게 주신 은혜가 얼마나 크고 귀한 것이었으면, 그 후로도 지금 이 순간까지 한평생을 내 안에서 솟아나는 기쁨과 평강이 마르지 않는 샘물과 같았고, 세상의 그 어떤 시련과 역경으로도 그 강물을 흐리게 하지 못했으며 찬양과 감사의 물줄기를 가로막지 못했으니, 오직 주는 나의 반석이시요 내 생명의 능력이 되셨기 때문이다.

"주는 나의 반석과 산성이시니 그러므로 주의 이름을 생각하셔서 나를 인도하시고 지도하소서"(시 31:3).

"여호와는 나의 빛이요 나의 구원이시니 내가 누구를 두려워하리요 여호와는 내 생명의 능력이시니 내가 누구를 무서워하리요"(시 27:1).

하나님의 역사

　큰고모 댁과 셋째 작은아버지 댁이 모두 한동네에 살고 있었지만, 두 집 모두 예수를 믿지 않고 있었을 때, 할머니를 비롯한 우리 가족은 언제나 아버지 형제들의 구원문제가 가장 큰 기도제목이었다. 그러나 큰고모는 샤머니즘에 빠져서 백일기도는 물론 지나가는 무당들은 모두 단골손님이었고, 그러기에 항상 고모 댁 문 앞에는 굿을 하기 위해 붉은 색 황토 흙이 놓여 있었다.

　나는 그때마다 "사탄아, 물러가라!"를 속으로 외치면서 나란히 쌓아 놓았던 황토 흙을 몇 차례나 흐트려놓았다.

　그러던 어느 날, 하나님은 고모 댁 구원 문제에 직접 개입을 하셨다. 첫 번째 징조로는 큰고모 댁의 큰딸 순희 언니가 교통사고로 다리를 다치게 된 일과, 두 번째로는 고모부께서 황소를 팔아가지고 오시다가 돈을 몽땅 소매치기 당한 것이고, 세 번째는 막내 장희가 마당에서 넘어져 골수염이 되었는데, 안타깝게도 엉덩이 다섯 군데에 심지를 박고 있었던 것이다.

고모는 혹시나 하는 마음으로 치료를 목적으로 하얀 습자지를 오려 온 방에 붙여놓고 굿을 하려고 준비하는데, 그때 길을 지나가던 어느 도사라는 사람이 말하기를 "당신은 굿을 해서 효험을 볼 사람이 아니고 교회에 나가야 할 사람이다" 하면서 당신을 위해 기도하는 사람들이 있기 때문이라고 말했다고 한다.

그 즉시 고모는 굿판을 벌여 놓은 상태에서 우리에게 예배를 드려 달라고 연락을 해오셨다. 나는 어린 나이였지만 제일 먼저 뛰어가서 붙였던 습자지를 신바람 나게 뜯어냈고 윗집에 사시는 장로님을 모셔 예배를 드렸다. 그후 큰고모 댁 식구들은 모두 예수를 믿고 그리스도인이 되었다. 열심히 교회생활을 하던 중에 그 당시 전 재산을 팔아도 못 고친다는 장희의 골수염이 하나님의 은혜로 깨끗이 나음 받았고 자전거를 타고 몇십 리를 달릴 만큼 건강을 되찾았다. 지금까지도 건강에 이상 없이 열심히 신앙생활 하며 직장생활을 하고 있다.

그 뒤로 1년이 지나서 한동네에 사셨던 셋째 작은아버지 댁이 예수 믿을 때의 이야기다.

셋째 작은어머니가 꿈만 꾸면 한여름에도 다락방에서 장정들이 눈덩이를 던지는데, 나와 동생을 옆에 재울 때는 눈덩이가 안 날아온다는 것이었다. 그리고 또다시 꿈을 꾸었는데, 큰 무당이 굿판을 벌여 놓고 백 사람의 집에 가서 쌀을 얻어 오면, 백살풀이를 해서 네 발바닥에 흙을 안 묻히고 살게 해주겠다는 것이었다. 그때 작은어머니는 "아이 더러워라. 나는 네가 시키는 대로 안 하고 예수를 믿는다!" 하시며 그때부터 셋째 작은어머니가 신앙생활을 시작하게 되었다.

그리고 또 다시 1년 뒤에는 둘째 고모 댁에 문제가 생겼는데, 그 집의 큰딸 원희가 갑자기 밤에도 밖에 나가 동서남북에 절을 하고 천지신명을 찾으며 데굴데굴 굴러다닌다는 것이었다. 온 가족이 혼비백산해서 걱정이 태산같이 생겼다기에 내가 고모 댁을 찾아갔다.

사돈 어른이 하시는 말씀이, 예수를 믿으면 귀신은 떨어지겠지만 간장, 된장이 다 뒤집힌다는 말이 무서워서 못 나가겠다는 것이었다. 그때 나는 원희를 외갓집으로 데려다가 귀신을 쫓아버리고 데려올 테니 그러면 어떻게 하겠느냐고 여쭈어 보았다. 내 말을 듣고 계시던 사돈 어른이 그러면 어서 데리고 가라고 하시기에 나는 사촌동생인 원희를 우리 집으로 데리고 와서 그때 마침 열리던 부흥회에 참석시켰다. 귀신을 쫓아낸 다음에 원희와 그의 가족은 월가성결교회 교인이 되었다. 그후 몇 년이 지나서 내가 신학교를 졸업하고 첫 번째 단독 목회를 시작했던 곳이 바로 둘째 고모가 사셨던 공주군 사곡면 월가리에 있는 월가성결교회였다.

사탄의 존재는 하나님의 일을 방해하지만 또한 하나님의 구원 역사에 악역으로 쓰임 받다 버림받는 존재에 불과하다.

"또 그들을 미혹하는 마귀가 불과 유황 못에 던져지니 거기는 그 짐승과 거짓 선지자도 있어 세세토록 밤낮 괴로움을 받으리라"(계 20:10).

나는 당시 우리 교회(장원감리교회)가 부흥되지 않는 이유는 사탄의 영적 세력을 무너뜨리지 못했기 때문이라고 생각했다. 부흥회만 하려고 하면 교회 밑의 무당집에서는 대굿판을 벌여 놓고 풍땅거리고 있으니……

 그때부터 나는 누구에게도 말하지 않고 세 동네에 있는 네 명의 무당을 놓고 기도하기 시작했다. 기도를 시작한 지 1년쯤 지났을 때, 어느 날 생각해보니 우리 동네 무당은 교회에 한번 나왔던 이후로는 다시는 굿을 하지 않았고, 큰 동네 무당은 공주로 이사갔고, 강성지미(마을 이름) 처녀 무당은 시집을 갔고, 교회 밑의 제일 큰 무당은 마당에서 넘어져서 세상을 떠났다고 하였다.

 그후 열심히 전도하여 교회는 매우 활기 있게 성장하였다. 이렇게 하나님께서 택하신 자들을 구원하실 때에는, 아무리 사탄의 계략이 뛰어나고 악하다 할지라도 하나님은 결단코 택하신 자기 백성들을 포기하지 않으시고 하나님의 역사를 이루어 가신다.

사랑은 아무리 해도
지나친 것이 아니다

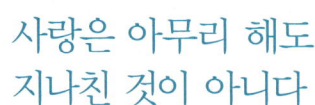

    그렇게 주님을 인격적으로 영접하고 내 인생의 주인으로 모시고 살아가는 데 있어 삶의 목적은 오직 하나님의 나라와 그의 영광을 위하여 사는 것이었고, 복음 전도와 이웃사랑이 내가 살아야 할 이유가 되었다. 동생 신응이와 함께 온 동네 사람들이 구원받기 위해 각각 열다섯 집씩 나누어서 매일매일 그 영혼들을 위해 눈물로 기도하고 있을 때, 갑자기 가난한 가정들을 찾아가서 직접 눈으로 보고 싶은 마음에 하루는 피난민이었던 고만준 씨 집을 찾아갔다.

    그들은 흙벽돌로 집을 짓고, 벽지도 바르지 못한 채 살아가고 있었으니 그런 모습을 처음으로 본 나는 왜 사람이 이렇게 살아야 하는지 너무나 마음이 아파서 견딜 수가 없었다. 그래서 5일마다 장이 서는 광정장에 가서 벽지를 사다가 동생과 함께 떡국을 한 양푼 끓여서 들고 다시 고만준 씨 집을 찾아가서 도배를 해주고 나니, 또다시 몇 집 건너에 살고 있던 벽돌 찍는 홀아비 댁이 걱정되었다.

    몰래 찾아가 부엌에 있는 쌀독을 살며시 열어보니, 그야말로 쌀은 한 톨도 없었고, 커다란 가마솥을 열어보니 밀가루 풀떼기 죽만 가득히 있는 것이었다. 집으로 돌아온 동생과 나는 밥이 잘 넘어가지 않았다. 그 뒤로 둘이서 매일 한 끼씩 금식을 작정하고 몇 번인가 그 댁에 쌀을 갖다 주다가 한번은 옆집에 살던 병술이 작은엄마에게 들키고 말았다. 제발 우리 어머니한테만 비밀로 해달라고 간절히 사정했지만, 그는 어머니에게 고자질해서 동생과 나는 무척 꾸중을 듣고 야단을 맞았다.

어머니 말씀은 본인이 알아서 가난한 사람들에게 된장, 고추장, 고구마, 감자를 나누어 주고 있는데, 너희들이 쌀을 퍼들고 다니니 너무 지나친 행동이라는 것이었다. 그때 나는 이렇게 생각했다.

'우리 집은 1년 양식이 있고, 저들은 한 끼 양식도 없는데 왜 어른들은 적당하게만 하려는 것일까? 사랑은 아무리 해도 지나친 것이 아닌데……'

그렇다면 또 다른 방법으로 그들을 도와야 한다고 생각하고 어머니가 안 계신 틈을 타서 거지 행상을 하고 구걸을 하기로 마음먹었다.

그 당시 맞춤 정장만 입고 다녔던 우리 집에는 거지차림을 할 만한 옷이 하나도 없어서 동네에서 제일 헌옷이었던 예옥이 오빠가 나무하러 다닐 때 입는 옷과 친구인 용복이 아버지의 다 떨어져가는 털신을 빌렸다. 이만하면 거지 행색이 되겠지 하고 거울을 보는 순간 나는 깜짝 놀랐다. 내 얼굴빛이 너무나 빛이 나고 기름지며 내 눈동자가 매우 초롱초롱하고 아름다워 도무지 거지 티가 나지 않는 것이었다. 그 순간 나는 그때까지 20년 동안 나를 곱게 먹이시고 곱게 길러주신 하나님의 은혜가 얼마나 크고 놀라운 것인가를 다시 깨닫고 거울 앞에서 얼마나 흐느끼며 감격하고 울었는지 모른다.

이윽고 거지 옷을 입은 채로 방바닥에 주저앉아 울면서, 이제껏 내가 누린 하나님의 억만 가지 은혜에 감사할 줄 모르고, 한두 가지 부족한 것 때문에 불평하고 좌절하고 원망했던 일들을 회개하기 시작했다. 그리고 생각했다. 거지 티가 날 정도 되려면 그들은 얼마나 못 먹고, 얼마나 못 입고, 얼마나 고생했어야 하는가를…….

그러면서 걸인들의 아픈 마음을 상상하며 거지행상을 하러 방문을 나가는 순간, 우리 집 대문 앞에 김종순 집사님의 남편이 동태를 팔려고 왔다가 안방에서 나오는 거지 둘을 보고는 발걸음을 옮기지도 못하고 그 자리에 서있는 것이었다. 빨리 나가라고 손짓을 하여도 도무지 한 발짝도 떼지 않고 계시니, 하는 수 없이 쓰고 있던 마스크를 벗고 그 분을 설득하여 돌려보냈다. 그러고는 쌀광에서 먼저 한 됫박씩 쌀을 퍼서 동생과 내 등짐에 짊어지고는 정말 거지인 척하기 위해 다리를 절뚝거리며 동냥 길을 떠났다.

그때가 1972년, 겨울바람이 차갑게 몰아치는 어느 겨울날이었다. 동생과 나는 건너편에 살고 있는 부잣집을 먼저 찾아갔다. 동생은 얼굴을 가리지 않았기에 문 밖에서 기다리고 있었고, 눈만 내놓고 온통 머리부터 감쌌던 나는, 나를 못 알아보게 하기 위해 말이 어눌한 흉내를 내면서 "동냥 좀 주세요!" 하였는데, 쌀은 한 톨도 주지 않고 차가운 고구마를 주면서 그 자리에서 먹고 가라는 것이었다.

간신히 집에 가서 식구들과 먹겠다고 둘러대고는 좀 더 나를 못 알아보는 곳으로 가기 위해 운궁마을로 동냥지를 정하고, 큰 동네(장원1구)를 지나가려고 했다. 그때 마침 길가에는 장정 열 명의 나무꾼들이 나뭇짐을 바쳐놓고 쉬고 있으니, 도저히 그 앞을 지나갈 용기가 나지 않았다. 그래서 조금 멀지만 서치봇돌을 택해서 그 추운 겨울 날 돌다리를 건너 안전하게 나무꾼들을 피해 운궁마을에 도착했다.

운궁리에 도착하여 제일 먼저 찾아간 곳이 우리 교회 권사님 댁이었다. 그분은 부흥회 때마다 가장 은혜를 많이 받은 것처럼 춤을 추고 찬양하며 기뻐해서 많은 기대를 하고 찾아갔었는데, 웬일인지 가장 작은 간장 종지에 쌀을 한번 담아 주시고는 나에게 계속해서 말을 거는 것이었다. "나이는 몇 살이냐? 어디서 왔느냐? 부모는 있느냐?" 등등. 나는 그때 이렇게 생각했다.

'나는 지금 쌀이 필요하지 말이 많이 필요하지 않습니다.'

그렇다, 누군가가 말했다. "종은 울리지 않으면 종이 아니고, 사랑은 표현하지 않으면 사랑이 아니다"라고.

나는 그후 60 평생을 살면서 내가 누군가를 사랑해야 하고 누군가를 도와줘야 한다고 판단되었을 때, 나의 형편과 나의 능력의 한계 내에서 아무것도 묻지 않고, 아무것도 따지지 않고, 그저 도와주는 것이 사랑이라고 생각하고 그대로 살아왔다. 인생은 기회가 있을 때 선한 일을 해야지, 기회가 지나가면 하고 싶어도 할 수 없을 때가 반드시 오는 법이다.

"그러므로 우리는 기회 있는 대로 모든 이에게 착한 일을 하되 더욱 믿음의 가정들에게 할지니라"(갈 6:10).

우리가 구제해야 할 이유를 사도 바울은 이렇게 피력했다.

> "이는 다른 사람들은 평안하게 하고 너희는 곤고하게 하려는 것이 아니요 균등하게 하려 함이니 이제 너희의 넉넉한 것으로 그들의 부족한 것을 보충함은 후에 그들의 넉넉한 것으로 너희의 부족한 것을 보충하여 균등하게 하려 함이라"(고후 8:13-15).

이 말씀처럼 우리가 서로 도와야 하는 이유는 하늘의 해가 지구를 골고루 비추기 위해 지구가 자전하며 공전하는 것처럼, 인생은 반드시 풍족할 때가 있으면 부족할 때도 있는 법이기에 하나님은 우리에게 '균등의 원칙'에 의해 골고루 굶주리는 이가 없기를 원하시고 '저축의 원칙'에 따라 있을 때 베푸는 것이 하나님께 꾸이는 것이라 하였다(잠 19:17).

운궁리의 권사님 댁에서 기대보다 적은 것을 얻은 나는 허탈한 발걸음을 돌려 또 다른 집을 찾아갔는데, 그 집이 당시 석송침례교회 담임이셨던 한상교 목사님의 여동생 댁이었다. 다리를 절뚝거리며 "동냥 좀 주세요!" 하고 대문으로 들어서니 부엌에서 하던 일을 멈추고, 진짜 소아마비로 인해 다리가 불편했던 한명숙 집사(사모)님이 일손을 멈추고 쌀 한 됫박을 퍼들고 와서 자루에 넣어주셨다. 너무나 황송하여 "고맙습니다, 고맙습니다"를 몇 번이고 되풀이하며 대문 앞을 나오다가 문득 '많이 주는 집에서 더 얻어야지 언제 한 자루를 채우나' 하는 생각이 들어서 다시 발걸음을 돌려 그 집에 가서는 "더 주세요! 더 주세요!"라고 말했다.

그러자 한 집사님은 놀란 듯이 얼굴이 붉으락푸르락하며 웬 거지가 그만큼 주었으면 되었지 더 달라고 다시 왔느냐고 구시렁구시렁

하고 있을 때, 방에 계시던 그의 남편인 최정봉 집사(목사)님이 문을 열고 쫓아 나와 자초지종을 들으시고는, 거지인 나에게 한마디 원망도 없이 존대말을 사용하면서 한 집사님께 "더 드려, 더 있잖아. 더 드려"라고 하는 것이었다.

"또 내 이름을 위하여 집이나 형제나 자매나 부모나 자식이나 전토를 버린 자마다 여러 배를 받고 또 영생을 상속하리라"(마 19:29).

제13대 국회의원
윤재기 변호사

　온 동네 사람들이 모두 예수 믿기를 갈망하며 하루에 한 끼씩 금식하며 기도했던 나와 동생 신웅이는 차츰 하나님께서 우리의 기도에 응답하시며 일하시는 것을 느낄 수 있었다.
　두문불출하고 교회 외에는 집 밖에 나가지도 않고 성경을 읽고 기도하는 일에 파묻혀서, 동네 사는 친구들과도 소식이 끊긴 지 수개월이 지났을 때쯤, 갑자기 친구였던 박OO네 집에 가고 싶은 마음이 들어서 찾아갔다.
　평소에는 얌전하고 착하던 그 친구가 어딘가 달라지고 이상해진 것을 발견하고는 그의 아버지께 언제부터 저렇게 되었냐고 여쭈었더니, "네가 그것을 어떻게 알았느냐"며 놀란 표정으로 내게 말씀하셨다.
　"한 달쯤 전부터 밤에도 낮에도 잠을 안 자고, 안 하던 짓을 하는구나. 너무나 걱정이 되어 누구에게도 말을 못하고 내가 코피까지 다 쏟았다" 하며 땅이 꺼지도록 걱정을 하셨다.
　나는 그 동안 그와 그의 가족의 구원을 위해 금식하며 기도해 왔었기에, 담대한 마음으로 그 친구를 교회에 보내달라고 말씀드렸다. 그때 친구의 아버지께서는 지금 당장이라도 데리고 가라고 하셨고, 나는 기쁜 마음으로 친구를 데리고 우리 집을 향해 가고 있었는데, 또 다른 친구 예옥이네 집 앞을 지나가려 하자 마음속에서 "예옥이도 데리고 가라"고 하는 성령님의 음성이 들려왔다. 그래서 가는 길에 예옥이도 불러 함께 우리 집으로 향했다.

집에 도착한 후에 동생 신응이와 용복이, 그리고 예옥이를 앉혀 놓고 예배를 인도하였다. 그날 나의 설교는 창세기 1장 1절 말씀으로, '하나님이 너도 만드시고 나도 만드셨다, 하늘도 땅도, 바다도 물고기도, 공중 나는 새까지도 모두 하나님이 만드시고 먹이시고 입히시고, 다스리시며, 우리 인생의 생사화복이 그분의 손에 있고 그분은 능치 못하신 일이 없는 살아계신 하나님이시기에 너의 병을 치료하실 것'이라는 내용이었다.

그리고 마지막으로 기도를 드리는데 어디서 그렇게 눈물이 쏟아지는지, 어렸을 때 내가 그를 귀히 여기지 못했던 삶을 뉘우치는 마음으로 온 맘을 다해 그를 위해 눈물, 콧물을 흘리며 기도하였다. 기도를 마치고 보니 그 친구는 기도하는 것도 모르고 그 자리에서 코를 골며 잠을 자고 있었다. 그때 다시 성령님께서 내게 "잠을 자고 나면 깨끗이 치료될 것이다"라고 말씀하셨는데, 그때 그 자리에서 잠을 자고 일어난 그 친구는 그날 이후 깨끗하고 온전하게 되어 우리와 함께 신앙생활을 하다가 이후에 감리교 권사님의 아들과 결혼하여 잘 살고 있다.

그러고 나서 얼마 후에 날마다 새벽기도를 했던 나는, 늦은 아침이 다 되어서야 집에 가게 되었는데, 마을 입구에 도착하자 건너마을에 사시는 원희 아버지께서 삼거리에 나와 앉아 나를 기다리고 계셨다. 나를 알아보시고는 "샥시, 내가 새벽부터 여기서 기다렸다"라고 하시면서 "우리 원희 엄마가 많이 아픈데 굿을 해도 안 되고 약을 먹어도 안 들으니, 이쁜이 언니(이쁜이는 동생 경응의 애칭)한테 기도를 받으면 나을 것 같다"라며 "샥시(처녀)가 나와 같이 가서 기도 좀 해주시오"라고 하였다.

이런 일이 두 번째 일어난 것이라, 더욱 조심스러운 마음으로 따라갔더니, 그분은 머리에서 발끝까지 온몸이 새파랗게 변한 상태에서 땀을 흘리며 가쁜 숨을 몰아쉬며 고생을 하고 계셨다. 안타까운 마음으로 무릎을 꿇고 간절히 기도를 하고 나니, 놀랍게도 낯빛이 변하고, 땀이 그치고 편안한 숨을 쉬게 되었다. 나는 그 자리에서 하나님께 영광을 돌리고 우리 교회로 전도하기에 이르렀는데, 그분이 가끔씩 헌금이 없어서 교회에 못 가겠다고 하면, 나는 토요일에 미리 가서 헌금할 돈을 100원씩 드리며 우리 교회에 꼭 나오시게 만들었다.

이렇게 동생과 나의 기도가 뜨거워져 갈수록, 온 동네에는 집집마다 크고 작은 문제들이 발생함과 동시에 그 문제를 통해서 일하시는 하나님을 우리는 보고 알게 되었다. 그 당시 우리 교회는 연애당이라고 소문이 나서 교회가 거의 문을 닫을 지경에 이르렀는데, '나는 절대로 교회 안에서 연애하지 않고, 교회를 부흥시켜 놓고 난 이후에 결혼할 것이다'라고 마음먹고 하나님과 약속했다.

그렇게 주일학교 부흥을 위해 기도하던 중 문득, 그 당시 온 동네에는 텔레비전이라고는 우리 집밖에 없었는데, '전설의 고향'이라는 프로를 보기 위해 금요일 밤이면 온 동네 사람들이 몰려와 땀을 흘려가며 텔레비전을 시청하던 모습이 떠올랐다. '그렇다면 토요일에 아이들을 불러다가 텔레비전을 보여주고, 우리 집에 다같이 재운 다음에 아침밥을 먹은 후 그대로 교회로 데려가 주일학교에 참석시키면 되겠구나' 하는 지혜가 떠올랐다. 그러자 나의 예상대로 주일학교는 부흥이 되어갔지만, 같이 잠을 자는 통에 이가 옮아서 보통 일이 아니었다.

그러던 어느 날, 유연관 목사님이 떠나시고, 새로 오신 노철래 목사님이 계셨는데, 항상 그 자리에 있던 풍금이었지만 그날 따라 풍금을 바라보는 순간 괜스레 내가 부끄러워서 견딜 수가 없었다. 처녀들이 이렇게나 많은데 풍금 하나 연주하는 사람이 없냐고 하시는 것 같아서 말이다.

집으로 돌아온 나는 커다란 달력을 찢어 엎어놓고, 색연필로 건반을 그린 다음, 찬송가를 연습하기 시작했다. 그러다가 한 달 후에 교회에서 실제 건반을 통해 "예수 나를 위하여 십자가를 질 때"를 연주하였더니, 사택에 계셨던 노철래 목사님이 어떻게 들으셨는지 "박 선생! 다음 주일부터 예배 시간에 반주해!"라고 하시는 것이었다.

그때부터 내가 신학교에 들어가기 위해 서울로 올라갈 때까지 교회에서 풍금을 연주하며, 주일학교 교사, 중등부 교사, 구역 강사, 청년회장, 처녀 집사, 재정서기를 보며 정의 연합 청년회장으로 열심히 주의 일을 하게 되었다.

그런데 우리 동네에 가려면 큰 동네를 지나야 했는데, 그 동네는 약 100여 호가 모여 사는 부촌이었다. 그곳에 윤재기 변호사(제13대

국회의원)의 본가가 있었는데, 그분은 변호사가 되기 전에 사법고시에 여섯 번을 낙방했다는 소식을 접하고는 그의 어머니를 찾아가 전도하기 시작했다. 여섯 번 시험을 치를 때마다 떡시루를 이고 가서 고사를 지낸 그분에게 교회에 나오시면 내가 1년 동안 하루 한 끼씩 금식을 하며 매일 새벽에 기도해 드릴 테니 교회에 좀 나오시라며 전도했다.

성령님의 도우심으로 그의 어머니가 예수님을 영접했고, 나와 함께 비가 오나 눈이 오나 1년 동안 새벽기도는 물론이고 열심히 기도한 결과, 그 아들은 일곱 번째 사법고시 시험에 수석으로 합격을 하는 영광을 차지했다. 그의 어머니는 그 후로 열심 있는 우리 교회 집사님이 되셨다. 그리고 얼마나 나를 사랑하셨는지 그 집 앞을 지날 때면 나를 불러 맛있는 음식을 차려 주시며 당신의 조카며느리가 되어 달라고 중매를 하셨으나 나는 하나님과의 약속을 지키기 위해 정중히 거절하고 신학공부를 위해 서울로 올라갔다.

그후 윤재기 변호사는 제13대 국회의원이 되었다. 지난 2008년 내가 고향 교회인 궁원교회에서 설교하는 것을 보신 후, 2009년 내가 다시 한국에 방문했을 때, 고향 궁원교회 목사님께 부탁하여 캐나다 박 사모에게 주일 설교를 시키면 당신이 서울에서 내려올 뿐만 아니라 삼사동네 어른들을 동원시켜 예배에 참석케 하고, 참석하신 모든 분들에게 점심을 대접하겠다고 하였다. 그래서 나는 고향 교회에서 주일 설교를 한 후에 모처럼 고향 어른들을 만나 담소를 나누는 기회를 가졌다.

그리고 며칠 뒤에 우리 형제들과 함께 서울에서 윤 변호사님 내외를 다시 만나 맛있는 점심 식사를 대접받고, 내가 당신의 어머니를 전도한 일과, 1년 동안 한 끼씩 금식하며 기도했었다는 이야기를 40년이 지난 이제서야 우리 어머니를 통해서 들었노라 하며, 현재 우리 교회가 기도하고 준비하는 펜윅 선교사 기념교회 건립을 위해 토론토 한인침례교회 앞으로 1000달러를 헌금해 주기도 하였다.

하나님은
너를 지키시는 자

　나와 동생 신응이는 거의 붙어 다니다시피 하였다. 기도하러 갈 때나, 동냥하러 갈 때나 집에서 약 3.7km나 떨어진 곳으로 교회를 다니면서 우리는 늘 같이 걷고, 같이 찬송을 부르며, 끝없이 펼쳐진 논밭을 지나면서 많은 이야기를 나누며 청소년기를 함께 보냈다.

　하루는 추석이 다가올 무렵인지라, 벼가 누렇게 익어 고개를 숙일 때 쯤, 교회를 멀리서 바라보며 걷고 있는 우리 눈앞에서 누군가가 무엇을 찾는 것처럼 논두렁에 엎드려서 라이타 불을 켰다 껐다 하고 있는 것이었다. 그때 우리와의 거리는 한 400미터쯤 떨어져 있었는데 갑자기 그가 우리에게 해롭게 할 사람이라는 것이 느껴졌다. 나는 동생에게 단단히 일러 '너는 성경책을 꼭 쥐고 나와 똑같이 행동을 해야 한다'며 "하나님은 너를 지키시는 자이시니 염려 말고 내 손을 꼭 잡고 가자" 하며 우리는 "주여! 주여!"를 반복하며 발걸음을 맞추어 걸어가고 있었다.

　아니나다를까, 우리가 그곳에 도착하자 그 사람은 순식간에 논두렁에서 뛰어나와 양팔을 벌리고 우리의 길을 막아섰다. 동생과 내가 약속이나 한 듯이 큰 소리로 "주여!" 하고 소리를 지르자 갑자기 부르짖는 소리를 듣고 그는 그 자리에서 그만 놀라 넘어지고 말았다.

뒤도 안 돌아보고 우리 자매는 얼마나 뛰었는지, 앞을 보니 벌써 정안천이 흐르는 시냇가에 도착해 있었다. 놀란 동생은 차마 다리 위를 걷지 못하며 첨벙첨벙 소리를 내며 시냇물을 건넜고, 나는 정신을 차리고 다리 위로 걸어서 교회에 도착하였다. 동생과 나는 너무도 무섭고 두려워서 그때부터 "하나님! 우리 마을에도 교회를 세워 주세요!"라고 기도하기 시작했다.

"여호와께서 너를 실족하지 아니하게 하시며 너를 지키시는 이가 졸지 아니하시리로다"(시 121:3).

3부
새마을 운동과 4-H 클럽

분산 농가를 집단 농가로

　1970년대 초 한국은 고 박정희 대통령의 '잘살아보세' 운동에 발맞추어 한창 전국적인 새마을 운동이 전개되고 있었다. 그 열기를 타고 30호밖에 안 되는 작은 마을이었던 우리 마을도 새마을 사업을 시작하게 되었다. 가장 큰 동기는 내가 열 살 때, 담요바지를 벗어 주었던 가난한 영숙이 어머니께서 산 밑 외딴 곳에 움막을 짓고 살고 있었는데, 넷째 아기를 거꾸로 낳는 과정에서 돌팔이 의사의 실수로 아기의 목이 뱃속에 떨어져서 아이와 함께 세상을 떠난 일이었다.

　그 소식을 들은 작은아버지(고 박원상 집사)는 곧바로 서울로 올라가 형님인 우리 아버지를 만나서 "형님, 동네사람들 다 죽이겠으니 땅 좀 내놓으시오!" 하며 분산 농가를 집단 농가로 이주해야 할 이유와 목적을 설명하셨고, 아버지는 아무 계산 없이 좋은 일을 하고자 하는 동생을 위해 현재 마을 집터 1,000여 평을 집단 농가 부지로 허락하셨다.

　그렇게 시작된 새마을 사업을 위해 온 동네 사람들은 밥만 먹으면 날마다 모여서 함께 집터를 닦고, 공동으로 모내기를 하는 등, 열심히 흙벽돌을 찍어 똑같은 모양과 똑같은 평수의 11채의 농가주택을 짓게 되었다. 이 소식은 점점 매스컴을 통해 세상 밖으로 알려져, 한양대학교에서는 매년 의료봉사는 물론 상하수도 시설과 더불어 마을 안팎의 일들을 많이 도와주었고, 그 당시 김연준 총장은 집집마다 송아지를 한 마리씩 사주면서 잘 살아보라고 격려했으며, 국무총리로 재직 중이던 김종필 씨도 헬기를 타고 와서 격려하였고, 세계평화봉사단 12개국 학생들은 산을 깎아 길을 만들어 작은 마을에 국제적인 손님들이 드나드는 참으로 재미난 시절을 보내게 되었다.

이렇게 새마을 사업이 한창 무르익어 갈 때쯤, 우리 마을의 이야기는 텔레비전이나 조선일보 신문에 연재기사로 실렸고, 덕분에 4-H 회장으로 있던 나에게는 한 달이면 전국에서 수십 통씩 구애의 편지가 날아오기도 했다. 그 많은 편지들을 한 통도 뜯어보지 않고 쌓아 놓고 있을 때, 작은아버지께서 매번 상에 있는 편지를 읽어 보신 후에, 그 중 몇 통을 선발하여 꽤나 야무지고 똑똑해 보이니 교제해보는 것이 어떻겠냐고 하셨다. 그러나 나는 오직 신학교에 가서 공부하고 싶은 생각 외에는 아무것도 바랄 것이 없었기에, 그 모든 편지들을 아궁이에 넣고 불에 태워버렸다.

그 때는 마을 안에 청년들이 많았던 시절이라, 마을마다 4-H클럽이 활발하게 움직이고 있었지만, 나는 교회일이 많다 보니 마을에 있는 클럽에도 관여하지 않고 있었다. 그러던 어느 날 마을 청년들이 찾아와서 내가 회장이 되어 주면 자기들 모두 교회에 나가겠다고 하여 하는 수 없이 마을 청년들을 전도하기 위해 4-H클럽 회장을 맡게 되었고, 그때부터 그들은 모두 교회 청년회 회원이 되어 신앙생활을 시작하였다. 그때도 지금도 나의 모든 삶의 목적은 영혼 구원에 있었고, 나의 가장 큰 기쁨은 영혼을 사랑하는 것이었다.

"우리가 만일 미쳤어도 하나님을 위한 것이요 정신이 온전하여도 너희를 위한 것이니"(고후 5:13).

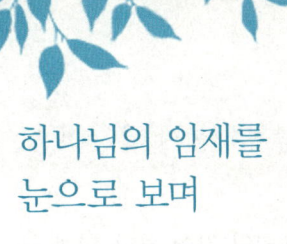

하나님의 임재를
눈으로 보며

1973년 청년회는 나날이 부흥되었고 우리는 교인들 가정에 모내기와 벼베기, 연탄 배달을 하며 청년회 기금을 마련하고 있었다. 어느 날, 청년회 헌신예배를 드리려고 목사님(황윤하 목사님)을 찾아갔더니, 목사님은 회장인 나에게 헌신예배 설교를 하라고 하셨다. 몇 번이고 사양했으나, 끝내는 요한복음 17장 9-21절 말씀을 본문으로 "예수님의 소원"이라는 제목의 설교를 하게 되었다.

나는 그때 평생 처음으로 기가 막힌 광경을 보며 감격에 젖어 설교를 하였다. 설교를 시작하려고 강단에 섰을 때, 내 눈앞에는 교회 안이 온통 구름으로 덮여 있었다. 그 구름은 말씀 듣는 성도들의 머리 위에 약 1m 높이에서 내가 설교를 마칠 때까지 머물러 있었다. 그때 육신의 눈으로 하나님의 영광의 구름을 바라보며 말씀을 선포하였다.

"여호와의 영광이 시내 산 위에 머무르고 구름이 엿새 동안 산을 가리더니 일곱째 날에 여호와께서 구름 가운데서 모세를 부르시니라"(출 24:16).

그때 설교했던 내용의 첫 번째 소원은 "우리와 같이 하나 되게 하소서"였고, 두 번째는 "내 기쁨이 충만하게 하소서"였으며, 세 번째는 "예수님의 소원은 악에 빠지지 않게 보존하소서", 마지막 소원은 "진리로 거룩하게 하소서"였다.

그런데 설교를 마치자 온 성도들이 땅을 치며 회개하기 시작했으니, 이 어찌 하나님의 역사라 하지 않을 수 있겠는가?

나는 지금도 가끔 성도들에게 이렇게 이야기한다. 우리 교회가 교인이 적은 것이 문제가 아니고, 우리들이 하나님의 임재를 경험하지 못하고, 하나님이 우리를 사용하시지 않는 것이 문제라고.

그렇다. 이민 목회가 아무리 힘들고 어렵다지만, 우리가 하나님께 쓰임 받기 위해서는 날마다 하나님의 임재를 경험해야 한다. 또한 우리가 새로운 오순절의 주역이 될 수만 있다면, 우리는 능히 토론토는 물론이고 세계 복음화를 위해 능력 있게 쓰임 받게 될 것이다.

"오순절 날이 이미 이르매 그들이 다같이 한 곳에 모였더니 홀연히 하늘로부터 급하고 강한 바람 같은 소리가 있어 그들이 앉은 온 집에 가득하며 마치 불의 혀처럼 갈라지는 것들이 그들에게 보여 각 사람 위에 하나씩 임하여 있더니 그들이 다 성령의 충만함을 받고 성령이 말하게 하심을 따라 다른 언어들로 말하기를 시작하니라"(행 2:1-4).

한양대학교 김연준 총장

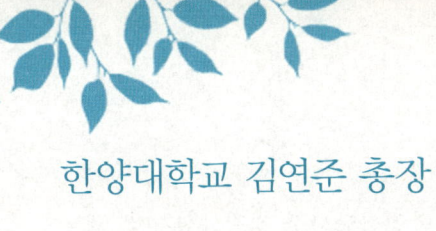

　새마을 사업으로 시작됐던 집단농가 이주공사가 마무리되자 마을 사람들은 모두 새집으로 이사를 했고 반듯반듯하게 줄 맞추어 지은 집은 공동 작업으로 경비를 줄여 한 집에 28만 원의 적은 비용으로 내 집들을 마련하게 되었다.

　이 일을 계획하고 선두지휘하셨던 작은아버지는 고 박정희 대통령으로부터 금메달을 수상하였고 그 무렵 한양대학교에서는 우리 마을에 교회를 세워주고 동네 사람 모두가 예수를 믿으면 앞으로도 계속 우리 마을을 돕겠다고 했다. 그러니 집집마다 예수를 믿겠다고 사인을 하고, 200년 동안이나 온 동네 사람들이 대대로 섬겨왔던 산제당을 부서뜨리고 우리 땅에 마을 회관을 짓고, 거기서부터 교회를 시작하게 되었다.

　가까운 곳에 장원감리교회가 있었기에 자연히 처음에는 감리교회 간판을 걸고 감리교 목회자가 파송되었다가 한양대학교 김연준 총장님이 침례교 안수집사였기에 다시 침례교 간판으로 바꿔 달고 침례교 목회자를 세우게 되었다.

그때 동네 어른들께서는 나를 담임전도사로 결정하셨지만, 나는 동냥을 갔다가 거지에게 후히 주시고 존대말을 하셨던 고 최경봉 목사님을 궁원교회 담임으로 추천하였다. 그리하여 그 목사님은 28년 동안 김연준 총장님이 보내주신 생활비로 안정된 목회를 하실 수 있었고, 덕분에 우리 작은 마을에도 예배당이 세워져 농사일에 힘들고 피곤한 농부들이 새벽예배와 밤예배를 드릴 수 있는 은혜와 혜택을 누리게 되었다. 이것은 첫째로 하나님의 은혜요, 둘째로는 김연준 총장님의 희생의 대가라고 생각한다.

"내가 진실로 진실로 너희에게 이르노니 한 알의 밀이 땅에 떨어져 죽지 아니하면 한 알 그대로 있고 죽으면 많은 열매를 맺느니라"(요 12:24).

4부

네 앞에
시온의 대로가
열리리라

하얀 봉투

　21세에 처녀 집사가 된 나는 교회 재정을 관리하며 여러 가지 일에 최선을 다했고, 공주군 감리교 연합 청년회는 물론 정의 연합 청년회(초교파)까지 모든 일에 열심이었다.

　그 당시 청년 사업은 함께 모여 설교대회, 찬양대회, 토론대회, 암송대회 등을 주로 했었는데, 그때마다 거의 1, 2등을 내가 차지했고, 교인 가정이 상을 당했을 때도 청년 연합회에서 상여를 메는 등 많은 일들을 맡아 했다. 지금 생각하면 내 인생에 가장 즐겁게, 그리고 아무 걱정 없이 가장 많은 시간을 이타적인 하나님의 일을 위해 보내고 즐거웠던 때도 그때였다고 생각한다.

　"너는 청년의 때에 너의 창조주를 기억하라 곧 곤고한 날이 이르기 전에, 나는 아무 낙이 없다고 할 해들이 가깝기 전에"(전 12:1).

　아버지께서 서울에 계셨기에, 언제든지 내가 서울에 올라가기만

하면 아버지께서는 옷이든 용돈이든 달라고 하기 전에 미리 주셨다. 그러나 내가 은혜 받고 나의 하나님을 만난 후에는 나는 화장품도 사지 않고, 새 옷도 사지 않으며 전도와 구제를 위해 청년의 때를 헌신했으며, 세상에서 가장 가치 있고 보람 있는 일이 영혼 구원임을 알았기에(마 6:26) 어찌하든 사람을 얻기 위해 사람 사랑하는 일을 위해 내 모든 것을 투자하며 살았다.

그러던 어느 날 기도하기 위해 교회에 들렀는데, 집사님들이 모여서 사모님 흉을 보느라고 내가 들어가는 것도 모를 정도였다. 이야기인즉, 구정물 통에서 누군가 사온 고등어가 나왔다는 것이었다. 나는 그때 내가 재정을 보고 있었기 때문에, 매월 10만 원밖에 사례비를 못 드렸으나, 사모님이 학교 선생님으로 일하셨기에 그나마 목사님 가정이 겨우 생활을 꾸려 나가시는 것에 대해 죄송하고 감사하게 생각하고 있었다.

감사할 줄도 모르고 흉을 보는 교인들이 너무나 안타까워서 주일날이 되면 새벽기도를 마치고 사택에 들어가서 대청소를 하고, 구정물 통을 뒤져서 시험거리가 있으면 땅을 파고 묻고, 마당을 깨끗이 쓸어서 교인들에게 책잡을 것이 없게 하기 위해 안간힘을 썼다.

그러던 어느 날 예배 전에 풍금을 연주하기 위해 오르간 옆에서 기도를 하고 있었는데, 마음속에서 메시지가 똑똑하게 들려오기를 "네 앞에 시온의 대로가 열리리라. 이제는 신학교에 가라" 하는 하나님의 음성이었다. 그때 나는 이렇게 대답했다.

'그러면 미리미리 돈 좀 아껴 쓰고 준비하라고 하시지요.'

그 순간 내 머릿속을 스쳐가는 말씀이 있었는데, '하갈이 왜 통곡

한 후에야 샘물을 발견했을까?'였다(창 21:19). 그리고 하나님의 정한 때를 믿으며 기도하고 있었을 때, 담임이셨던 황운하 목사님이 내게 하얀 봉투 하나를 건네면서 "박 집사! 신학교 입학원서 내야지" 하며 "서울에 가서 열심히 공부해봐. 박 집사가 사모가 안 되면 누가 사모가 될 수 있겠어?" 하시는 것이었다.

막상 기도해왔던 신학 공부의 길이 열렸으나, 온가족이 반대하고 가진 돈도 한 푼 없었던 나는 "가라" 하신 하나님께서 내 쓸 것도 준비하셨으리라 믿고, 나를 시집 보내기 위해 아버지께서 오실 때마다 끊어 오셨던 한복감 열두 벌을 꺼내 가난한 이웃에게 나누어주고 무작정 떠나려고 했다. 그때 큰이모부께서 2만 원, 최 장로님이 만 원, 담임목사님이 또다시 2만 원이 들어 있는 봉투를 주시면서 "딸내미 키워서 시집보낸들 이렇게 섭섭할까……" 하시는 것이었다. 그리고 어머니께서 오천 원을 주셨으니, 모두 5만 5천 원이 생겼는데, 그 당시 피어선 신학교 한 학기 등록금이 5만 원이었다.

나는 어차피 졸업할 때까지 쓰기에 부족할 바에는 5만 원을 건축헌금으로 교회에 내놓고, 대신 내가 졸업할 때까지 하나님이 나를 책임져 주시라고 기도하기로 마음 먹었다.

5만 원을 헌금하고 5천 원과 수편물 기계 하나를 들고서 서울로 가기 위해 정류장으로 발걸음을 옮겼다. 이전에 나를 통해 기도 받고 정신병이 치료되었던 친구가 정류장에 나와서 나를 기다리고 있다가 친구에게 해줄 것이 이것밖에 없다고 하면서 5천 원을 건네주었다. 그리고 조금 있으니 당시 경찰이었던 석원이 오빠가 고향에 들렀다가 서울로 가기 위해 정류장에 왔는데 나를 보고는, 오빠 집에서 며칠 놀다가 가라며 내 버스표를 사주셨으니, 내 손에 다시 만 원의 현찰이 생기게 되었던 것이다.

모처럼 당고모네 오빠 댁에서 며칠을 쉬었다가, 그래도 갈 곳은 아버지가 계신 홍제동 집밖에 없어서 아버지 댁으로 갔더니, 나를 보신 아버지는 생전 처음으로 화를 내면서, '애비가 자식이 열인데 하나라도 젊었을 때 빨리빨리 시집을 보내야 하는데, 네가 이제 신학교에 가서 여자 목사가 될 것도 아닌데 무슨 신학교에 가느냐'며 역정을 내셨다. 나는 그때 아버지를 안심시키기 위해 "나의 하나님이 나를 책임 지실 것이니 반대하지 말아주세요"라고 대답했다.

그리고 조금만 신세를 지다가 곧 내 갈 길을 갈 것이라고 말씀드리고는, 편물 기계를 들고 내가 어릴 적 뛰어놀던 청개천 시장에 있는 중고기계 상회를 찾아가 간신히 5만 원을 받아서 첫 학기 등록금을 내고 오랫동안 기도해왔던 신학공부를 시작하였다.

"너희 안에서 행하시는 이는 하나님이시니 자기의 기쁘신 뜻을 위하여 너희에게 소원을 두고 행하게 하시나니"(빌 2:13).

삼각산 중턱에서

1976년 학교를 다니면서 일자리를 찾는다는 것이 그리 쉬운 일은 아니었다. 다음 학기 등록금에 대한 부담을 안고 날마다 학교 가는 길에 문화촌 동성교회 기도실에 들러 기도하기 시작했다. 하루는 서 집사님이 나를 만나 "박 집사야! 홍광교회 임병옥 집사님이란 분이 있는데(현 화곡교회 권순갑 원로목사님 사모님) 그분들의 꿈이 신학생 20명을 키우는 거래"라며 당신이 전화해 보겠다고 하시는 것이었다.

그러기에 큰 기대를 걸고 있었는데, 꿈은 맞지만 현재는 여력이 안 된다며 거절을 하셨다는 것이었다. 별다른 방법을 찾지 못한 나는 아버지의 눈치를 보며 간신히 학교에 다니고 있을 때쯤, 시골에서 자기도 신학을 하겠다고 동생 신응이가 서울로 올라왔으니, 가뜩이나 나 때문에 화가 나신 아버지는 '미치려면 저 혼자나 미칠 것이지 제 동생까지 미치게 하느냐'며 급기야는 아버지 집을 나가라는 것이었다.

그 소리를 듣는 순간, 나는 매우 기뻤다. 세상에 말로만 들었고 책에서나 읽을 수 있었던 그 귀한 핍박이라는 것을 나도 경험할 수 있는 것에 대한 벅찬 감격에서 말이다. 나는 이 기회를 놓칠 세라 얼른 보자기에 담요 한 장과 성경 찬송을 담아 들고 집을 나섰다. 그러자 동생 신응이가 나에게 갈 데가 어디 있어서 집을 나가느냐며 눈물을 글썽거렸다.

내 발걸음은 저절로 삼각산을 향해 움직였고 그 당시 밤마다 기도의 메아리가 울려퍼졌던 그 삼각산 중턱에다 짐을 풀었다. 저녁이 되니 한여름이었지만 제법 쌀쌀한 기운이 감돌았기에 어릴 적 신기산 부흥회를 생각하며 가지고 온 보자기 네 귀퉁이를 묶어 천막을 치고 담요를 이불 삼아 그 밤이 지나도록 아버지의 영혼 구원을 위해, 그리고 내 나라와 민족을 위해, 북한 동포들을 위해, 마지막으로 내 앞에 형통한 길이 열려져 마음껏 공부할 수 있기를 바라며 뜨겁게 기도하다가 새벽녘쯤에야 겨우 잠이 들었다.

아침이 되어 눈을 뜨고 보니 신선한 아침 바람과 찬란하게 비춰오는 동녘의 햇살은 잠을 자고 있는 동안에도 어김없이 나를 덮어 주었던 주님의 옷자락과도 같았다.

지금 생각해보면, 그때 그 시절 그렇게 산골짜기마다 우렁차게 부르짖었던 믿음의 선진들의 뜨거운 기도가 있었기에 오늘날의 한국이 존재하며, 세계에서 두 번째로 가장 많은 선교사를 파송하는 나라로 성장할 수 있었다고 생각한다.

그렇게 산에서 이틀을 지내고 있을 때, 동생 신응이가 도시락을 들고 찾아와서, 아버지께서 집으로 들어오라며 눈물을 보였는데, 알고 보니 아버지는 내가 포기하면 동생은 자연히 함께 따라 내려갈 것이라고 생각하시고 우리 두 자매를 내려 보내려고, 집을 나가라고

까지 말씀하신 것이었다. 그래도 내가 의지를 굽히지 않고 산에 올라가자 동생 신응이를 내게 보내셨던 것이다.

집에 내려가 아버지를 만나 뵈었다. 아버지께서는 차선의 방법으로 아버지 친구 분이 운영하셨던 화곡동의 그리스도 신학교에 전학을 가면 우리 둘 다 장학생으로 공부할 수 있을 것이라 하셨으나, 교단의 문제로 아버지의 제안을 거절하고, 원래 입학했던 피어선 신학교에 다니기로 하였다.

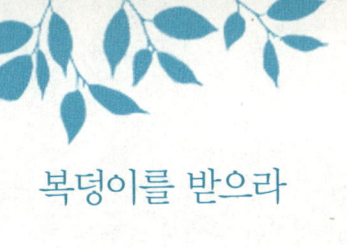

복덩이를 받으라

　서울에 올라온 지 7~8개월이 지난 것 같은데, 촌뜨기가 서울 생활에 적응하랴, 공부하랴, 일자리를 찾으랴 나름대로 엄청 분주한 생활을 하고 있었다. 마침 개교 64주년 기념 설교대회가 있다는 소식을 듣고, 용기를 내서 설교 대회에 나갔는데 과분하게도 내가 생각지도 못했던 2등의 영예를 차지하게 되었다. 그러면서 학교생활은 너무나 즐거웠고, 성경에 대한 새로운 지식과 친구와 지식을 얻어가는 서울생활은 그 자체가 감격이었다.

　가장 인상 깊은 교수님은 나귀환 목사님으로 1학년 1학기가 시작되자마자 창세기를 50회 읽으라는 과제를 내주셨다. 학기 중간에 50회를 채우느라 억지로 읽었는데, 기말고사 시험문제에 단 한 가지 문제가 출제된 것이, 창세기를 50회 읽었느냐 하는 것이었다. 그때 나는 숫자에 불과한 50회를 채우느라 무척이나 애를 먹었지만, 당당히 읽었다고 답할 수가 있어서 무척 대견스러웠고, 후에 목회를 하면서 창세기의 소중함을 깨닫고 70회 이상을 읽으면서 나 목사님의 깊은 뜻을 늦게나마 깨닫게 되었다.

1학년 1학기를 지내면서, 일자리를 찾고 있었던 나에게 하루는 기부자 자매의 소개로 어느 기도원 전도사로 가게 되었다. 거기서 내가 하는 일은 설교를 담당하고 예배 시 문제를 가지고 온 사람들에게 말씀을 나누어 주는 역할이었다.

거기서는 나를 포함한 여자들 4명이 살게 되었는데, 그곳 원장님은 나를 수양딸로 삼아 한국에서 제일 큰 교회 여자 목사를 만들어 주겠다며 경제적인 모든 부분을 책임지겠다고 하셨다. 그러나 한 달 가량 함께 있다 보니 무엇인가 영적으로 맞지 않는 것을 깨닫고 신세진 만큼의 쌀 두 말과 옷감 한 벌을 내어 놓고 기도원을 나왔다.

다시 아버지 집으로 들어간 지 일주일쯤 되었을 때, 서 집사님한테 전화가 왔는데, 임병옥 집사님 댁에서 나를 오라고 하셨다는 것이었다. 또 다시 보따리를 싸서 임 집사님 댁으로 갔는데, '세화공업사'라는 간판을 걸고 다리미 손잡이를 찍어내는 곳이었다.

그곳은 매주 금요일마다 예배를 드리기 위해 큰 방 하나를 비워 놓고 있었기에, 나는 그 방을 쓰면서 학교에 다니게 되었다. 내가 임 집사님 댁에 간 지 한 달 정도 지났을 때, 하루는 두 내외분이 나를 기다리고 계시다가 '우리 복덩이 어서 오라'고 하시는 것이었다. 알고 보니 서 집사님이 처음 나를 이 댁에 보내려고 전화했을 때는 아직 때가 아니라며 거절했는데, 얼마 후에 그분들 꿈에 어떤 사람이 나타나서 왜 복덩어리를 거절했느냐고 해서 다시 나를 불렀다는 것이었다. 그리고 내가 그 댁에 들어간 지 얼마 후에, 그렇게 구하기가 힘들었던 일본 기계 일곱 대를 빨리 가져가라고 연락이 왔다는 것이었다.

우리는 매주 금요일이면 삼각산에 올라가서 철야기도를 했고, 그 때마다 나는 가끔 권순갑 집사님께 "얼른 신학교에 가서 목회를 하셔야 될 겁니다"라고 권면했다. 그러나 극구 세화공업사를 성장시켜서 신학생 20명을 키우는 것이 꿈이라고 하셨는데, 1979년 내가 결혼을 하고 얼마 안 되었을 때, 그 댁의 셋째 아들인 영준이가 갑자기 갑상선 암으로 세상을 뜨고 난 후에 세화공업사도 문을 닫았다.

그후 잠실에 아파트 한 채를 전세로 얻고 난 후부터 신학공부를 시작하며 교회를 개척했던 것이 지금의 화곡제일교회이다. 권 목사님은 그후 예배당을 크게 짓고 목회를 잘하시다가 조용히 일선에서 물러나 원로목사님이 되셨다.

무학재 고개

동생 신응이가 학교에 가겠다며 찾아왔으니 하는 수 없이 동생과 함께 있기 위해 아무런 대책도 없이 임 집사님 댁을 나와 무조건 길거리로 나섰다. 무학재 고개 밑을 지나가는데 어느 2층 건물에 "동양 자수 할 수 있는 아가씨 00명 구함"이라고 적힌 포스터를 발견하자마자 그 곳을 찾아 나섰다.

때마침 일본 기모노에 동양 자수를 놓고 있는 홍제사진관 집사님을 만나게 되었다. 그곳에는 여자들 서너 명이 앉아 수를 놓고 있었는데, 비록 마루방이었지만 연탄 난로를 피워 춥지도 않았고 저녁이면 모두 집으로 돌아가기 때문에 우리들이 거처하기에 적합할 것 같아서 사진관 집사님께 사정을 이야기한 후에 그곳에서 동생과 머물게 되었다.

게다가 사촌 동생인 미응이까지 우리와 함께 하기를 원했기에, 우리 셋은 그곳 2층 마루방에서 새로운 삶을 시작하였다. 우리는 낮에 열심히 수를 놓고 밤에는 학교에 다니고 있었는데, 그때 나는 학우회 회계를 맡아 점점 학교에서 부르는 횟수가 많아지자 하루는 동생 신응이가 나에게 "언니는 돈 안 벌고 학교만 쫓아다니면 어떻게 등록금을 내려 하느냐"며 핀잔을 주기 시작했다. 그렇다고 회계일을 그만둘 수도 없고, 돈을 안 벌 수도 없고 하여 나는 그 밤에 교회에 가서 걱정 어린 마음으로 철야기도를 하고 아침에 돌아와 수를 조금 놓다가 학교에 가는 생활을 하던 중에 기가 막힌 일이 일어났다.

누군가가 내 등록금을 완납해 놓은 것이었다. 나는 누구에게도 돈이 없다는 소리를 한 적이 없고, 그렇다고 부모님께 졸업할 때까지 단돈 만 원 한 장을 도와 달라 부탁한 적이 없었지만, 전 재산 5만 원을 드리면서 나를 끝까지 책임져 달라고 기도했던 그때의 그 기도를 주님은 잊지 않고 기억하고 계셨던 것이다. 그후에 알고 보니 내 등록금을 내어 준 사람은 나보다 일 년 선배였던 송정숙 언니였다.

그러던 어느 날, 하루는 쌀이 떨어져 이틀을 굶었는데 옆집에서 끓이는 구수한 누룽지 냄새를 맡기 위해 신응이와 미응(집사)이가 교대로 그 집 부엌문 앞에서 코를 킁킁거리고 있는 것이었다. 차마 그 모습을 보고만 있을 수가 없어서 나는 다시 가까운 교회로 달려가 비통한 심정과 하갈의 마음으로 부르짖으며 기도했다. 아침이 되니 신학교 친구 채옥림(권사)에게서 전화가 왔는데 오늘 오전에 우리 집에 들르겠다고 하고선 두어 시간 뒤에 쌀과 김치 한 통을 가지고 찾아왔다.

그때서야 우리가 이틀을 굶었다는 얘기를 듣고 그 친구는 "아니 매일매일 학교에서 만났는데 무엇 때문에 그런 말을 안 하고 굶고 있었어?"라고 했다. 그 후로 옥림이는 내게 가끔 토큰을 사주었고 나는 가끔 친구의 레포트를 써주기도 하면서 깊은 우의를 다져갔다. 옥림이는 지금까지도 38년 동안 변함없이 서로 사랑하고 함께 기도하는, 내게 가장 친하고 소중한 친구가 되었다.

"다윗에 대한 요나단의 사랑이 그를 다시 맹세하게 하였으니 이는 자기 생명을 사랑함 같이 그를 사랑함이었더라"(삼상 20:17).

또 한 가지 잊지 못할 사건이 있다. 우리가 살고 있는 곳은 나무로 만들어진 이층집이었기 때문에 그곳에는 화장실 시설이 되어 있지 않아서 1층 건물 내에 있는 외부 화장실을 쓰고 있었다. 1970년대에는 통행금지 시간이 있었는데, 하루는 동생 신응이가 늦은 시간에 화장실을 갔다 오다가 경찰을 만났다. 아무리 사정을 이야기해도 경찰은 기어이 동생을 무학파출소로 데려가 버렸다.

나는 수첩 하나를 들고 그 뒤를 따라가서 또다시 상황 설명을 하며 법은 국민의 안전과 편리를 위해 존재하는 것이지 무조건 벌을 주기 위한 것이 아니지 않느냐며 몇 번을 설명했지만, 경찰은 한사코 동생을 보내주지 않겠다고 했다.

늦은 새벽 1시가 다 되었을 때 당시 강동경찰서에서 근무하셨던 친척 오빠에게 전화를 걸어 상황 설명을 하고 오빠의 도움으로 집으로 돌아올 수 있었다. 그때 동생을 데리고 걸어오면서 이런 생각을 했다.

국가의 법은 국민의 안전과 질서를 위해서만 집행되어야 하고, 하나님의 법 또한 인간의 행복과 안전을 위해 주신 것인데(신 10:12-13)

타락한 인간은 하나님의 법 밖에서 행복을 찾으려고 끝없이 하나님을 떠나 세상으로 달려가고 있다고…….

그러다가 얼마 후 황윤하 목사님이 은평감리교회 부목으로 오셨다는 연락을 받고 우리 셋은 은평교회 주일학교와 성가대에서 봉사하게 되었는데 그때 목사님의 소개로 나는 홍 집사님 댁 준호의 가정교사로 점자 공부와 신앙교육을 하며 편안히 공부할 수 있게 되었다. 그리고 황 목사님께서는 내게 한 학기 등록금을 내주시기도 하고, 내 성적표를 보시고는 장학금을 신청해도 되겠다며 격려해 주시기도 하였다.

그러다가 1995년 황 목사님이 미국으로 떠나시기 전에 아무리 바빠도 배 안 아프고 난 딸은 보고 가야 하신다며 내외분이 우리 집을 다녀가신 뒤 모든 연락이 끊어졌다. 그 옛날 우리 할머니께서 살아계실 적에도 앞 못 보는 할머니를 위해 예배 후에 20분을 자전거를 타고 오셔서 또 다시 예배를 인도해 주셨던, 한 영혼의 가치를 귀히 여길 줄 알았던 훌륭한 목사님이셨다.

"우리의 소망이나 기쁨이나 자랑의 면류관이 무엇이냐 그가 강림하실 때 우리 주 예수 앞에 너희가 아니냐 너희는 우리의 영광이요 기쁨이니라"(살전 2:19-20).

월가성결교회

신학공부를 하겠다고 오천 원을 들고 서울에 온 나는 처음에는 차비가 없어서 남동생 현응이의 시계를 빌려 손에 차는 척하고 전당포에 맡겨 오백 원을 빌려서 일주일 교통비를 하기도 했지만, 기적 같은 하나님의 도우심과 이웃들의 도움의 손길을 통해 한 번도 등록금이 밀려본 적 없이 무사히 졸업을 하게 되었다.

아버지는 졸업식에 오고 싶어도 염치가 없어서 못 오시겠다며 작은어머니 편에 검정 치마저고리 한 벌을 보내주셨다. 나는 아버지와의 약속을 지키기 위해 무학재 고개 밑 마루방에서 두 동생들을 데리고 살 때에도 단 한 번도 홍제동 아버지 집에 가서 단돈 만 원이나 쌀 한 톨 얻어온 적이 없었다.

홍제시장에서 배추 껍데기를 주워다가 소금과 고춧가루만 넣고 먹고 싶은 김치를 해 먹을 때도 코앞에 있는 아버지 집에 가서 김치 한 쪽을 얻으러 가지 않았고, "내 하나님이 나를 책임지실 것"이라는 말을 나의 삶을 통해 아버지께 보여드리기 위해 오히려 매월 아버지를 찾아뵐 때는 펄펄 뛰는 생선을 사서 찌개를 끓여놓고 오는 등 아버지의 영혼 구원을 위해 끊임없이 노력했다.

하나님은 그런 나의 기도에 분명히 응답을 해주셨다. 졸업 이후 아버지께서 내게 말씀하시기를, 제 동생까지 데려다 졸업하는 것을 보니 지독한 년이기도 하지만 "하나님도 계신가 보다" 하시면서 당신 스스로 문화촌 동성교회를 찾아가 출석하기 시작하셨다.

아버지는 그때 청담스님이 직접 수놓은 불심이라는 액자를 가지고 계셨고, 불교계는 물론 기독교계 유명 인사들과 폭넓은 대인관계를 갖고 계셨기에 나의 좁은 지식과 능력으로는 도저히 아버지를 설득시킬 수 없는 분이었다. 그러나 하나님의 사랑과 하나님의 능력이 아버지의 완악한 마음을 녹이셨고, 결국은 겸손히 주님을 영접할 수 있는 큰 은혜를 베푸셨다.

"이르되 주 예수를 믿으라 그리하면 너와 네 집이 구원을 받으리라 하고" (행 16:31).

아버지는 1958년도에 우리 가족을 모두 예수 믿게 하셨으나 정작 당신은 신앙생활을 못하고 계셨기에 항상 나의 기도제목은 아버지를 전도하지 않고는 목회자의 길을 갈 수 없다고 떼를 쓰는 것이었다. 그런데 신학교를 졸업하자마자 아버지가 신앙생활을 시작하셨으니 나는 홀가분한 마음으로 목회자의 길을 걸을 수 있을 것 같아 사역지를 놓고 기도하기 시작했다.

그러던 어느 날 오전 10시 기도를 하고 있는데 공주에 계신 어머니께로부터 전화가 걸려왔다. 공주에 있는 월가성결교회에서 나를 담임 전도사로 청빙했다는 것이다. 그래서 나는 졸업한 지 13일 만에 졸업생 중 첫 번째로 담임목회를 시작하게 되었다. 후에 알고 보니 내가 정의 연합 청년회 활동을 할 때 광정성결교회 임종렬 목사님께서 나를 눈여겨보셨다가 지교회였던 월가성결교회 목회자로 부르신 것이었다.

설레는 마음으로 공주 집에 갔더니 월가교회의 한 청년이 와서 나를 기다리고 있다가 몇 가지 옷을 챙겨 리어카에 싣고 정류장에 도착하여 다시 버스를 타고 30분 후에 도착한 곳이 충남 공주군 사곡면 월가리에 있는 월가성결교회였다. 그 교회는 기독교 대백과사전 1411쪽에 나와 있는 것처럼 1969년 한옥순 권사가 설립한 기성교단으로, 내가 4대째 담임전도사로 부임한 것이었다.

30평 크기에 아담한 교회로서 옆에는 초가집 사택과 사랑채가 있는 전형적인 시골교회였다. 청장년 모두 합쳐 열대여섯 명인 교인들은 너무도 소박하고 때 묻지 않은 천사 같은 사람들이었다.

첫 주일을 보내고 여전도 회장이었던 오 집사님과 함께 심방을 위해 어딘가를 가고 있었는데, 오른쪽 산 위에서 누군가가 돌을 던지는가 하면, 사택에 널어놓은 옷가지를 가져가기도 했다. 마침 여름방학을 맞아 집에 왔던 사촌동생 재춘이가 동네 청년을 모두 불러놓고 사택 근처에 얼씬거리는 놈들을 가만두지 않겠다고 했다는데 그 뒤로는 정말 내가 그 교회를 떠날 때까지 불량한 청년들은 그림자도 못 봤던 것 같다.

하루는 그 동네에 사셨던 둘째 고모님(박선옥 집사)이 식사하러 오라고 부르시기에 들렀더니, 소가 새끼를 낳았지만 어미가 젖을 물리지 않는다며 나에게 어미 소를 붙잡고 기도해 달라는 것이었다. 나는 어릴 적부터 소똥을 무척 싫어했고, 발바닥에 소똥이 닿는 것을 무척 간지럽게 생각했지만 하는 수 없이 외양간에 들어가서 어미 소에게 손을 얹어 기도했다. 그런데 식사를 마치고 고모님 댁을 나올 때쯤에 어미 소가 새끼소에게 젖을 먹이기 시작한 것이다.

뿐만 아니라 그 동네에서 구멍가게를 하며 마을 이장을 보셨던 오 이장님이란 분이 계셨는데, 어느 날 새벽에 부인을 업고 뛰어오면서 "전도사님! 집사람 좀 살려주세요" 하며 예배당에 내려놓는 것이었다. 부부 싸움 끝에 쥐약을 마셨다는데 입술이 시커먼 사람처럼 변해 있었다. 그 당시는 병원도 가까이 없고 차도 없을 때여서 교회로 데리고 온 것이었다. 나는 그분에게 손을 얹고 얼마나 간절히 기도했는지 한참 후 기도를 마치고 눈을 떠보니 신기하게도 그 분의 입술 빛이 돌아왔고 병원을 가지 않고도 살아갈 만큼 하나님께서 치료해주셨다.

그 일을 계기로 동네에는 소문이 나기 시작했고, 밤에도 환자만 있으면 엄 집사님(재정집사) 경운기를 타고 신나게 찬송을 부르며 왕진기도를 다녔었다. 그러자 교회가 조금씩 부흥되기 시작하여 그 해 여름 성경학교 때에는 동네에 집에서 노는 아이가 하나도 없을 정도로 100여 명의 아이들이 몰려와서 작은 예배당이 터질 정도가 되었다.

이 소식을 들은 집사님들은 밭에서 김을 매다 말고 달려와 비닐 포대를 가위로 잘라 부채를 만들어서 아이들 중간중간에 앉아 열심히 부채질을 하였으나 한두 대의 선풍기로는 그 뜨거운 열기와 땀 냄새를 감당할 수가 없었다. 그때 그 작은 예배당은 마치 오늘의 찜질방을 방불케 했다.

처녀 목회! 나는 새벽마다 예배를 마치고 기도하기 시작하면 거의 오전 10시까지 할 때가 많았다. 어느 주일날도 아침을 굶고 설교하는 나를 본 오 집사님은 내가 결혼하기 위해 그 교회를 떠날 때까지 매주일 아침밥을 챙겨 머리에 이고 와서 나를 먹이셨다. 지금도 가끔 어머니 같았던 오 집사님의 지극한 사랑을 되새겨 보곤 한다.

"너희의 복이 지금 어디 있느냐 내가 너희에게 증언하노니 너희가 할 수만 있었더라면 너희의 눈이라도 빼어 나에게 주었으리라"(갈 4:15).

온 교인들은 사랑이 넘쳤으며 믿지 않는 마을 주민들까지도 교회를 사랑하여 예쁜 꽃나무를 사택 화단에 심어주었고, 가을이 되면 한 집도 빠짐없이 시루떡을 보내주어 몇 광주리씩 떡이 넘쳐 온 교인이 모여 잔치를 벌이곤 하였다. 그뿐 아니라, 새벽마다 가슴속에 따듯한 계란을 품고 와서 내게 주셨던 대섭 엄마 집사님과 안 벗겠다는 내 옷을 강제로 벗겨다가 빨아주셨던 요한 엄마 집사님, 매달 사례비를 주실 때마다 무릎을 꿇고 두 손으로 전해 주셨던 엄 집사님, 내가 결혼할 때까지 비가 오나 눈이 오나 한결같이 나와 함께 주무셨던 김 집사님. 모두모두 겸손히 주님의 사랑을 실천한 신실한 하나님의 사람들이었다.

"자녀들아 우리가 말과 혀로만 사랑하지 말고 행함과 진실함으로 하자"(요일 3:18).

네 말한 대로 살아야지!

1978년 2월 27일 신학교를 졸업한 나는 동창회 임원 및 여자 동창회 회장직을 맡았기에 매월 서울에 올라가게 됐다. 그때마다 친구들은 입을 만한 헌 옷가지들을 모아 주었고, 친구들과 헤어질 때는 몇 자루씩 되는 헌옷들을 버스길에 싣고 내려와서 시골 교인들에게 나누어 주곤 했다. 교회가 한창 부흥되어 가고 청년들이 날마다 모여 열심을 내고 있으나 처녀의 몸으로 목회를 하다 보니 그들에게 밥 한 끼도 해먹일 수가 없고 마음껏 사랑할 수 없는 제약된 목회에 한계를 느꼈다. 나는 그때서야 결혼의 필요성을 깨닫고 결혼문제를 가지고 작정기도를 시작했다.

"6월 30일까지 목사 신랑감을 주십시오."

그러던 어느 날, 심대섭 형제가 편지 한 통을 들고 와서 "전도사님, 남자한테서 편지가 왔어요" 하는 것이었다. 내가 "장난치지 마라. 나는 편지 올 만한 남자가 없어"라고 하자 형제는 편지 한 통을 내게 건네었다. 발신인 난에 "윤철현 전도사"라고 적혀 있었다. 그 편지를 손에 들고 나는 두 가지 사실 때문에 놀랐는데, 하나는 윤철현이란 사람은 포항 현대조선 자재과에 근무하고 있었는데 왜 전도사가 되었는가 하는 것과, 다른 한 가지는 내가 신학교 들어가기 전에도 거절했던 사람인데 왜 지금 나에게 또다시 그 사람을 붙이시는가 하는 것이었다.

그 무렵 서울에 사시는 임병옥 집사님(수양어머니)의 연락을 받고 신학대학원까지 졸업한 사람이라 한번 만나고 그 자리에서 약혼 날짜를 잡았는데, 며칠 후 잠시 누웠다가 일어나려는데 몸이 말을 듣지 않는 것이었다. 하는 수 없이 누워서 기도하기 시작했다.

"하나님, 내가 지금 잘못하고 있는 것이 무엇입니까? 나에게 말씀하시고 바른 길로 인도하옵소서."

그때 내 마음속에서는 "네가 말한 대로 살아야지"라는 음성이 들렸다. 그때까지 까마득히 잊고 살았던 어릴 적 내 이야기였다. "신학대학 다 졸업한 사람한테 시집 가서 사모 하는 것은 누군들 못하겠느냐! 나는 신학대학 가르쳐서 목사를 만들어 사모가 될 것이다" 하고 친구들에게 이야기했던 것이 생각났다.

지금 생각하면 혹시라도 내가 교만한 생각이 아니었나 싶기도 하지만 나는 어떻게 해서라도 주님께 사랑받고 칭찬 듣고 싶은 마음뿐이었기 때문에 그런 생각을 했던 것 같다. 그 일을 까마득히 잊어버렸던 것을 생각나게 하셨던 주님 앞에서 겸허한 자세로 다시 생각해보니 태산 같은 걱정이 어깨를 짓누르는 것 같았다.

그래서 다시 천안에 있는 성기산 기도원을 찾아가 3일을 기도하고 수요일 아침이 되었을 때, 또 다시 말씀이 들리는데 "이 기도원을 내려가면 너를 찾아오는 사람이 있을 것이다. 적극적으로 결혼 문제를 추진할 테니 그쪽으로 결정하라"는 정확하고 똑똑한 말씀이었다. 그때 나는 "하나님 감사합니다. 감사합니다" 하며 기도원을 내려왔다.

때는 7월 중순, 한여름 소낙비가 주룩주룩 쏟아지는 밤 10시쯤 나를 찾아온 사람이 있었는데, 그분이 지금 내 남편의 누님인 윤아현 권사였다. 함께 저녁예배를 드리려고 일찍 나섰지만 장마 길에 차가 미끄러져 움직이지 못해 이제서야 겨우 도착했노라며 그 밤이 다 가도록 자기 동생과 결혼하라며 나를 설득했다.

어릴 적부터 한 교회에서 나의 성장기를 지켜본 그는, 나와 자기 동생의 결혼을 위해 15년을 기도해 왔다면서 어차피 당신은 다른 데로 시집 갈 수가 없다는 것이었다. 그 다음 날이 밝자 윤아현 권사님은 인천으로 떠났다.

나는 한번 만나야겠다는 생각이 들어 공주 백송다방에서 윤철현 전도사를 만났다. 이야기를 듣고 보니 목회를 하기 위해 현대조선을 사표 내고 아버지 친구 분이신 조병진 목사님이 목회하시는 공주 대교침례교회를 찾아가서 내년 3월에 결혼도 하고 신학교에도 입학하겠다 말씀을 드렸더니 당장 교육전도사로 일을 맡겨 주셔서 신학교 입학도 하기 전에 전도사가 되었던 것이다. 그러면서 나에게 다짜고짜 당장 결혼하겠다는 대답을 하라는 것이었다.

나는 "사람 잘못 보셨네요!"라고 말하며 "첫째는 하나님의 허락이 있어야 하고, 둘째는 나를 26년씩 길러주신 부모님의 허락이 있어야 합니다"라고 대답했으나 윤철현 전도사는 그때 자기는 일주일 금식 기도를 하고 이미 응답을 받고 왔으니 분명히 자기와 결혼하게 될 것이라며 확신에 찬 말을 하고 돌아갔다.

생각해보니 나 역시 하나님의 응답을 받았기에 결혼을 진행시키려고 했으나 친정집에서 예상치 못하게 심한 반대를 하시는 것이었다. 윤철현 전도사는 다시 일주일 금식을 위해 기도원에 들어갔다. 금식기도가 끝난 이후에 나에게 편지 한 통을 보내 왔는데, 이번에 다시 응답을 받았다는 내용이었다.

그 후 일주일 뒤에 친정어머니는 꿈을 꾸고, 작은어머니는 환상을 보았다며 우리의 결혼을 허락해 주셔서 1979년 3월 1일 서울 덕수교회 손인웅 목사님의 주례로 결혼식을 올리게 되었다.

나는 사람의 말은 씨앗과도 같다고 생각한다(갈 6:7-8). 말의 소리는 사라질지라도 그 뜻은 살아서 싹이 나고 잎이 피고 열매를 맺는다.

아브라함이 이삭을 번제로 드리러 모리아 산을 향해 가고 있을 때 "이삭이 이르되 불과 나무는 있거니와 번제할 어린양은 어디 있나이까"(창 22:7)라고 묻자 아브라함은 "아들아 번제할 어린 양은 하나님이 자기를 위하여 친히 준비하시리라"(창 22:8)라고 대답하였다. 그때 아브라함의 창조적인 언어는 곧 능력이 되어 현실 속에 열매를 맺어 여호와 이레의 역사적 전례를 남기게 되었다(창 22:13-14).

뿐만 아니라, 부정적인 언어도 마찬가지로 민수기 13장 20절을 보면 "우리가 애굽 땅에서 죽었거나 이 광야에서 죽었더면 좋았을 것을"이라고 말하며 원망했던 이스라엘 백성에게 하나님은 "너희 말이 내 귀에 들린 대로 내가 너희에게 행하리니 너희 시체가 이 광야에서 엎드러질 것이라"(민 14:28) 하셨다.

그 결과 광야에서 태어난 20세 이하의 2세대들과 여호수아와 갈

렙 이외에는 가나안 땅에 들어가지 못한 것을 우리는 잘 알고 있다 (민 14:29-30).

언어는 선악간에 우리의 생각과 마음과 신앙과 인격의 표현이기에, 하나님이 우리를 보시고 또한 우리의 말을 들으시고 우리의 형편을 아시는 분임을 인식하며 그분 앞에서 축복을 만들어 내는 복되고 아름다운 언어생활을 해야 한다고 생각한다.

5부

신혼생활과
교회 개척

단칸방에서
시어머니를 모시고

　친정에서 결혼을 극구 반해한 데는 여러 가지 이유가 있었으나 그 중의 가장 큰 이유는 가난한 목사의 아들인 데다 배다른 두 형님들 때문이었다. 두 형님들이 나이 일곱 살, 여덟 살 되었을 때, 홀로 계신 아버님께 시집 오신 시어머님이 바로 위의 누님인 윤아현 권사님과 나의 남편을 낳으셨다고 한다.

　물려받은 것이라고는 큰형님은 좋은 논 다섯 마지기, 작은형님은 4마지기, 남편은 자갈논 3마지기를 받았다는데 그것도 결혼 전에 200만 원에 큰형님께 팔아 그 돈으로 결혼비용을 쓰고, 혼자서 1년 동안 쓰고 남은 120만 원이 전 재산이라고 하였다.

　그 돈으로 신혼집 전세를 얻어놓고, 신혼여행이라고 해야 온양온천장 여관에서 하룻밤을 보내고 집에 와보니 시어머니께서 기다리고 계셨다. 그렇게 단칸방에서 시어머니와 함께 살림을 시작한 것이 나의 신혼생활이었다.

　남편은 결혼한 지 나흘 만에 내가 시집을 때 가져온 농 값 30만 원으로 등록금을 내고, 대전 침례신학대학에 입학을 했다. 그때 우리 부부는 함께 공주지방 대교교회 전도사로 사역하고 있었지만, 결혼 후 임신으로 입덧이 심해진 나는 4개월 만에 교회를 그만두어야 했다. 다행히 그 무렵 침례신학대학 부부 기숙사에 빈방이 있어서 잠시 시누이 댁에 계시던 어머니를 다시 모셔와 그 작은 6평 아파트에서 조카딸 순이를 포함해 네 식구가 살게 되었다.

그 당시 부부 기숙사 여덟 가구는 모두 보일러가 들어오지 않는 냉방에서 연탄난로를 하나씩 피워놓고 살았는데, 바로 그곳에서 1980년 4월 6일 낮 12시 부활주일 정오에 큰딸 윤나라가 태어났다.

기도는 내 뜻을 포기하고
하나님의 뜻을 찾는 것이다

공주지방 대교침례교회는 역사가 있는 교회일 뿐만 아니라, 연세가 70이 넘으신 조병진 목사님이 담임하실 때, 모든 성도들이 우리 부부를 사랑해 주셨기에 남편이 학부만 졸업하면 후임으로 세우길 사무처리회에서도 결정했다. 그러나 남편은 목사가 되려면 교회 한번은 개척해 봐야 된다며 그 좋은 성도들과 교회를 떠날 뜻을 밝혔다.

그러자 한상환 안수집사님은 극구 만류하며, 대전까지 우리 부부를 두 번이나 찾아와서 '개척이 얼마나 힘든 일인데, 가만히 대교교회 후임이 되시면 좋을 텐데 무엇이 부족해서 개척을 하시냐'며 남편을 설득했지만, 남편은 끝내 개척의 의지를 굽히지 않았다.

나는 후임과 개척의 두 가지 문제를 놓고 기도하는 중에 "기도는 내 뜻을 포기하고 하나님의 뜻을 찾는 것"임을 깨닫고, 떠나고 싶지 않았던 그 좋은 교회 성도들과 헤어져 낯설고 물선 개척지를 찾기 시작하였다.

그때 대전에 살고 있던 사촌동생 임차희 전도사의 시어머니 방 권사님이 괴정동 전신 전화국 옆에 좋은 장소를 소개해 주셨지만, 당시 기금위원회 총무로 계셨던 남편의 형님 되시는 윤일현 목사님이군이 옥천이 아니면 기금 300만 원을 줄 수 없다고 하여 하는 수 없이 개척지를 옥천으로 정하고 큰딸 임신 8개월 만삭의 배를 안고 처음으로 옥천 땅을 밟게 되었다.

우리는 옥천 시내를 한눈에 볼 수 있는 작은 동산에 올라가 동서남북을 살펴본 후 동쪽으로 옥천공고 우편의 양지 바른 마을을 발견하고 3년 후에는 그 양지 바른 마을 입구에 예배당을 짓기로 소원하고, 개척은 그 마을을 드나드는 골목길에 건물을 얻어서 시작하기로 하였다. 그리고 1980년 6월 6일 고 박정희 대통령이 서거하고 학교에 휴교령이 내려졌을 때를 이용해서 남아 있던 전 재산 80만 원을 털어서 60평 홀 안에 방 한 칸 부엌 한 칸을 만들고, 강대상을 마련하고, 장판을 깔고, 유리창에 선팅을 하고 마지막에 간판을 걸어 놓으니 그런 대로 교회의 모양이 갖추어졌다. 그렇게 개척 멤버 한 사람도 없는 곳에 기금 300만 원에 사채 300만 원을 빌려 옥천중앙침례교회를 개척했다.

마침내 첫 주일 낮 예배를 드리려는데 그래도 다행히 씨앗 같은 조영배 학생 한 사람이 교회를 찾아 나옴으로 얼마나 감격하고 위로가 되었는지 모른다. 지금 생각하면 우리 부부는 너무나 어리석었다. 개척을 한다면서 지역 조사도 해보지 않고, 그것도 침례교회가 두 번씩이나 개척에 실패했던 지역인 것도 모르고, 아무런 준비도 대책도 없이 개척 멤버 한 사람 없이 무식하게 겁 없이 무모하게 개척을 시작했던 것이다.

첫 주 예배가 끝나고 나니 남편이 나에게 10만 원이 들어있는 봉투를 건네면서 하는 말이, 이제는 이것이 우리 집 전 재산이니 당신이 알아서 살림을 해달라는 것이었다. 그것이 내가 시집와서 처음으로 남편에게 받은 가장 큰 돈이었다.

그렇게 몇 주일 지났을 때 주일예배 시간에 꼬마 아이들이 대여섯 명 찾아왔다. 오랜만에 보는 식구 외의 사람들이라 얼마나 반갑던지 천사의 얼굴을 보는 것과 같았다. 나는 다음 주일에도 오면 라면 땅을 주겠다고 아이들과 굳게 약속을 한 후 주인집에서 가져온 먹다 남은 떡을 아이들에게 먹여 보냈다.

아이들이 돌아간 후 어머니는 내게 애비 좀 한 번 더 줄 것이지 아이들을 다 먹였느냐며 내내 섭섭한 듯이 말씀하셨다. 나는 그때 '이제부터 내 자식들이 복을 받기 위해서라도 열심히 심어야겠다'는 생각을 하고, 그때부터 지금까지 33년 동안 담임목회하면서 나는 사모이기 때문에, 그리고 넉넉하지 않기 때문에, 받기만 해도 된다고 생각하지 않고 나름대로 열심히 심으면서 살려고 노력했다.

"오직 선을 행함과 서로 나누어 주기를 잊지 말라 하나님은 이같은 제사를 기뻐하시느니라"(히 13:16).

그러다가 하나밖에 없었던 조영배 학생이 교회 옆에 살고 있던 박영훈 학생(현재 선교사)을 전도해서 데려왔다. 그의 가족관계를 알아보니 외삼촌은 장로교회 목사님이시고 어머니는 교회를 쉬고 계신 지 3년이 되었고, 바로 위의 형은 의대에 다니고 있다고 했다. 그 형의 공부방이 마침 우리 교회 기도실하고 붙어 있기 때문에 내가 밤마다 큰 소리로 기도를 해서 형이 주먹을 쥐고 저놈의 교회가 이사를 가야 한다며 짜증을 낸다는 것이었다.

나는 그 말을 듣고 용훈이에게 이렇게 말했다.

"오늘부터 나하고 함께 40일 동안 형이 교회 나오기를 위해 기도하자."

그리고 그렇게 열심히 기도하는 동안 어른 부부였던 박기태, 김선자 씨가 우리 교회를 찾아왔다. 그들은 읍사무소에서 근무하는 공무원이었는데, 건강이 좋지 않아 두 달 병가를 다 쓰고 겨우 일주일을 남겨 놓은 상태에서 우리 교회를 찾은 것이었다.

이야기를 듣고 보니 박기태 씨는 오른쪽 눈이 실명되어 청주안과에서 실명 진단서를 받았으며, 이유 없이 두통에 시달려서 직장에서 데굴데굴 뒹굴 정도였는데, 병명을 찾기 위해 많은 돈을 허비하고 이제는 3만 원짜리 월세를 사는 입장이 되었으니, 작은 교회를 나오면 기도라도 열심히 해줄 것 같아 개척교회를 찾게 되었다는 것이었다.

그 말을 들은 우리는 내일 당장 아이들을 맡겨 놓고 나와 같이 기도원에 올라가자고 하고 대전에 있는 진잠기도원으로 향했다. 그때만 해도 기도원 시설들이 열악해서 밤에는 숙소에 쥐들이 얼굴 위를 기어 다닐 정도였고, 먹을 것이 시원치 않아서 얼마나 배가 고팠는지 모른다.

그때 큰딸 나라가 한 살이었고, 뱃속에는 둘째 아들 요한이가 8개월에 접어들 때였는데, 큰딸 나라를 등에 업고, 임신 8개월의 배 위에 띠를 묶은 채로 바위 위에 방석을 깔고 몇 시간씩 바윗돌을 치면서 기도했다. "나를 살리는 것이 저 사람을 살리는 것이고 저 사람을 살리는 것이 나를 살리는 것"이라고 부르짖다 보니 벌써 금요일 저녁이 되었고, 학교를 마친 남편이 기도원에 올라왔다.

우리는 마지막으로 산에 올라가 촛불과 랜턴을 켜고 또다시 사력을 다해 부르짖기 시작했다.

"하나님께서 이왕에 보내신 교인이라면 직장을 잃어버리지 않도록 치유해주십시오."

그런데 갑자기 하늘에서 한 줄기 별빛이 박기태 씨의 머리 위로 내려오는 것이었다. 나는 그때 남편에게 말했다.

"전도사님! 응답을 받았으니 이제 교회로 가십시다."

그 밤에 우리 넷은 옥천을 향해 출발하여 교회에 도착했다. 그때 남편은 나에게 돈을 빌려서라도 우족을 사다 주라고 하여 우족을 하나 사가지고 내가 결혼 때 예물로 받은 정장과 코트, 한복을 그들에게 쌓아주며 잘 드시고 기운을 내서 내일부터 새벽기도에 나오라는 말을 하고는 그들과 헤어졌다.

그 이튿날 새벽 4시에 누군가 교회 문을 두드리기에 문을 열고 나가보니 박기태 씨가 찾아와서는 "전도사님! 눈이 보여요!" 하는 것이었다. 그는 새벽기도를 나오려고 시계를 맞춰놓고 잠이 들었는데 긴장이 되어서인지 몇 번을 깼다 잠이 들었다 하다가 유난히 형광등 불빛이 밝아 보여 한손으로 이쪽저쪽 눈을 번갈아가며 가렸다 뗐다 해보니 양쪽 눈 모두가 환히 보여 기쁨을 감추지 못하고 한걸음에 우리 집으로 달려온 것이었다.

우리 모두는 하나님께 영광을 돌리고 그 주일 박기태 씨는 실명

진단서 3장을 들고 비록 고등학생이었지만 학생 둘을 앉혀놓고 간증을 했다. 간증을 들은 용훈이가 집에 가서 그 사실을 이야기하여 나와 용훈이의 40일 기도 제목인 그의 형 박재하(현재 정신과 의사) 형제가 우리 교인이 되었다.

나는 또다시 박재하 형제와 용훈이를 앉혀놓고 "이제는 우리 셋이서 너희 어머니를 위해 40일을 기도하자" 하고 기도하기 시작했다. 그런데 그때 마전에 살고 있었던 강정숙 부교가 우리 집을 찾아왔다. 강 부교는 우리가 박기태 씨를 위해 기도하러 갔던 진잠기도원에서 처음 만난 사람이었는데, 기도만 하면 '네가 살길 바란다, 그 사모님을 찾아가라' 하는 감동이 왔다며 한두 벌 겉옷만 챙겨가지고 우리 집을 찾아왔다.

당시 우리는 단칸방에서 시어머니를 모시고 살 때였는데, 방바닥 면적이 하도 적어서 이불을 한 채밖에 펴지 못한 채 네 식구가 한 이불 속에서 살고 있었다. 그때 설상가상으로 덩치가 하마만한 강정숙 씨가 찾아왔다.

거기다가 밤에는 두려워서 불도 못 끄게 하며 내 옆에서 내 손을 꼭 잡고서야 간신히 잠이 들곤 하였다. 속옷 하나도 챙기지 못하고 왔기 때문에 내가 입었던 속옷을 삶아서 그를 입히고, 나는 그가 입었던 속옷을 다시 삶아 입으면서 그를 위해 기도했다. 생활비라고는 고작 인천에 사셨던 시누이가 매월 3만 원씩 보내주는 것이 전부였는데 개척하면서 빌렸던 사채 300만 원의 이자를 매월 6만 원씩 갚아야 하는 형편이었다. 그래도 기금 300만 원의 이자는 형님이신 윤일현 목사님이 3년 동안 매월 3만 원씩 대신 내주셨기에 다행이었다.

그런 상황에 툭 하면 쌀이 떨어지고 김장 김치는 1년 내내 구경도 못해보면서 반찬이라고는 진간장에 청태, 김을 얹어서 먹는 것이 전부였는데도 왜 그리 맛이 있었는지 모른다.

그런데 어머니가 계시니 국이라도 끓여드려야 할 텐데 "국거리가 있어야 국을 끓이지……" 하고 중얼거리다 보니 신학교 다닐 때 홍제시장에서 배춧잎을 주워다가 김치를 담가 먹던 생각이 났다. 그래서 옥천장이 서는 날, 비닐봉투 하나를 들고 시장으로 가서 무더기같이 쌓아놓은 배춧잎을 좋은 것으로 골라 와서 깨끗이 씻어 된장국을 끓였다. 어머니와 남편이 이것이 어디서 났느냐며 맛있다고 하셨으나 그분들의 마음이 아플까봐 시장에서 주워 왔다는 말을 차마 하지 못하고, 주인집에서 가져왔다고 하였다.

남편은 옥천에서 대전으로 통학을 했는데, 어떤 때는 차비 300원도 없을 때가 있었다. 그럴 때면 나는 남편에게 줄 차비가 걱정되어서 잠을 이루지 못하고 새벽까지 기도를 하다 보면 새벽 2~3시에 교회 앞에 있던 '무진장 술집'에서 하루 일이 끝나고 정리하는 소리가 들린다.

그때 비닐봉지 하나를 들고 나가서 맥주병, 사이다병, 콜라병을 골라 한 자루를 창고 밑에 넣어두면 그제서야 마음이 놓여 잠을 이루고 새벽 예배를 마친 후에 그 병들을 슈퍼마켓에 가지고 가 500원도 받고 700원도 받아가지고 학교 가는 남편 손에 차비 300원을 쥐어줄 때, 세상에서 내가 가장 부자가 된 것 같은 느낌을 받곤 했었다.

우리는 그렇게 단칸방에서 1년 6개월을 어머니를 모시고 살았는데, 건강이 안 좋으셨던 어머니는 가끔 정신이 희미해지면서 대소변을 못 가리시는 것이었다. 나는 어른들의 대변 냄새가 그렇게 지독한 것을 그때 처음 알게 되었다.

그렇다고 막내아들과 함께 살고 싶어하는 어머니의 마음을 알면서 미워하거나 더더욱 싫어할 수는 없었다. 무엇보다 "네 부모를 공경하라"(출 20:12)는 설교를 평생토록 떳떳하게 하기 위해서라도, 마음으로 눈꼽만큼도 미워하지 않고 최선을 다해 섬겼다.

그러다가 약 두 달간은 정신을 잃고 대변을 못 가리시는 바람에 자다가도 일어나 씻겨드리고 옷을 갈아입혀드린 후 이불을 갈아드렸지만, 냄새가 난다 하여 방문 한번 내 손으로 열지 않았다. 혹시라도 어머니께서 젊은 것이 늙은이 생각하지 않고 춥게 문 열었다고 섭섭해 하실까봐…….

그럴 때면 냄새를 참다 못한 남편이 발로 지그시 문을 열어놓곤 하였는데, 어머니의 병세는 점점 더 악화되어 급기야는 고향에 계셨던 큰형님이 모셔다가 한 달 가량 간호하신 후 1981년 12월 70세의 일기를 마치고 하나님 나라에 가셨다.

"우리의 연수가 칠십이요 강건하면 팔십이라도 그 연수의 자랑은 수고와 슬픔뿐이요 신속히 가니 우리가 날아가나이다"(시 90:10).

내 종은 내가 키운다

　개척을 하고 얼마쯤 지났을 때였다. 하루는 남편의 설교를 몇 군데 지적했더니, 처음에는 똑똑한 마누라 덕분에 훌륭한 목사 되겠다며 등을 토닥거리며 고맙다던 남편이 후에는 집을 나가서 3일 동안 돌아오지 않는 것이었다. 집을 나갈 때 돈도 몇 푼 갖고 가지 않았는데 식사나 제때 하고 있는지 이것저것 걱정이 되어 밤마다 문을 잠그지 않고 기도하고 있었는데 하루는 주님이 내게 말씀하시길 "내 종은 내가 키운다" 하시는 것이었다.
　그때 나는 잘못을 깨닫고 회개 기도를 드린 후에 '나는 오늘부터 기도만 하겠으니 내 남편을 책임지시고 한 세대를 빛내는 설교자가 되게 해달라'고 간절히 기도하기 시작했다.
　집을 나간 남편이 3일 만에 돌아왔다. 문 여는 소리를 듣고도 괘씸해서 딸아이를 안고 그냥 누워 있는데, 내 옆에 와서 슬그머니 눕는 것이었다. 실눈을 뜨고 살짝 보았더니 수염도 깎지 않고 눈이 쑥 들어간 채 초췌해진 얼굴이었다. 은근히 측은한 마음이 들어서 식사는 하셨냐고 묻자 남편이 갑자기 나를 끌어안더니 긴 수염으로 얼굴을 부비면서 집에 오고 싶은 것 마누라 버릇 고치려고 참느라 엄청 고생했다고 하였다. 누가 나가라고 했냐고 말하자, 교수님 중 한 분이 마누라 버릇 고치려면 다홍치마 때 고쳐야 한다기에 평생 설교 잘한다 못한다 소리 안 들으려고 마음먹고 나갔는데, 중간에 돌아올 수도 없고 삼 일을 참느라 도리어 자기가 고생을 했다는 것이었다.

그후 남편은 감히 내가 따라갈 수 없을 만큼 말씀의 깊이 있는 설교를 하게 되어 1985년에는 여덟 명의 신학생들이 설교 실습을 우리 교회에서 하겠다며 몰려들기도 하였다.

배만 불러도
기도할 수 있겠는데

　1980년 7월, 여름방학이 되자마자 우리 부부는 다음 학기 등록금을 위해 기도하려고 5만 원을 빌려 한얼산기도원을 찾아갔다. 그 당시 이천석 목사님이 운영하시는 여름집회 때는 약 천여 명이 모여들었고, 계곡에 천막을 치고 하루 세 번 예배를 드리려면 낮에는 찜질방을 넘어서는 무더위에 앉아만 있어도 구슬땀이 뚝뚝 떨어질 정도였다. 그때 큰딸은 생후 3개월이었는데도 월요일부터 금요일까지 계속되는 시끄러운 북소리와 찬양소리, 기도소리 가운데서도 콧등에 송송 땀방울을 맺히며 어쩌면 그렇게도 쌔근쌔근 깊은 잠을 잘 자던지…….

　나는 아이들 3남매를 키우면서 단 한 번도 밤이든 낮이든 아이들이 울어서 기도 중에 뛰어 들어가 본 적이 없었다. 무릎에 안고 기도하면 불편하다거나 생떼를 부린다거나 보채고 울어본 적 없이 하나님께서 아이들을 착하게 잘 길러주셨다.

　문제는 아이가 아니라 내 자신이었다. 모유를 먹이며, 땀을 흘리고 열심히 손뼉을 치며 부르짖고 기도하다 보니 배가 고파서 견딜 수가 없었다. 매끼 식당에서 주는 세 끼 밥으로는 배가 차지 않았는데, 가지고 온 돈은 시간마다 헌금을 했더니, 그렇게 맛있어 보였던 옥수수 한 개와 우유 한 병을 마셔도 정말 '배만 불러도 기도할 수 있을 것 같다'고 생각했다.

그렇게 3~4일을 지내다가 물이라도 마시려고 기도원 식당에 들어갔더니 몇몇 사람들이 앉아서 누룽지를 한 소쿠리 담아놓고 먹고 있다가 나를 보더니 "누룽지 좀 드실래요?" 하면서 건네주었다. 고맙다는 인사를 한 후 물 한 그릇을 떠가지고 숙소에 와서 남편과 함께 누룽지를 먹고 나니 배에 힘이 조금 나는 것 같아 아이를 남편에게 맡겨놓고 기도하기 위해 산으로 올라갔다.

그날 밤 이 목사님이 목회자 자녀를 위한 장학헌금을 한다 하여 있는 돈을 모두 털어 헌금을 하고 다음날 기도원 사무실을 찾아갔다. 그리고는 우리 남편도 목사의 아들이고 신학생이니 신학교 등록금을 줄 수 있느냐 물었더니 나를 쳐다보며 "우리는 그런 것 안 해" 하고 한마디를 하고는 방으로 들어가 버렸다.

나는 그때 지방으로 돌아갈 차비도 안 남기고 헌금을 하는 바람에 토요일 아침에 기도원 차를 타고 청량리까지 가서 거기서 종각에 근무하는 친구 옥림이에게 도움을 청해야겠다 생각하고 기도원 차를 기다렸다. 그때 갑자기 누군가 내 손을 붙잡고 하는 말이, 사모님을 첫날 뵙고 만나지 못했다며 가시면서 전도사님과 함께 식사나 하시라고 봉투 하나를 주었는데, 그 속에는 내가 기도원에 올라올 때 빌려왔던 금액과 똑같은 5만 원이 들어 있었다.

나는 기도원을 내려와서 모든 것을 하나님께 맡기고 계속해서 기도하고 있었는데, 그때 남편과 동기였던 육명애 전도사님을 통해 변금주 집사님이 한 학기 등록금을 보내주셨다.

"나의 하나님이 그리스도 예수 안에서 영광 가운데 그 풍성한 대로 너희 모든 쓸 것을 채우시리라"(빌 4:19).

그리고 그분은 한두 번 더 남편의 등록금을 보내주셨다. 지금까지 한 번도 만나보지 못해서 고맙다는 인사 한번 제대로 못했지만, 나는 평생 그 분의 이름을 부르면서 기도하기를 쉬지 않고 지내왔다.

6평짜리 교회

　　60평 홀을 3년간 쓰기로 600만 원에 계약을 하고 전 재산 80만 원을 들여서 방 한 칸 부엌 한 칸을 만들었는데, 1년 6개월이 지나자 집주인이 홀을 비워 달라는 것이었다. 처음에는 법적으로 3년을 보장받을 수 있기에 심각하게 받아들이지 않았는데, 한주 두주 지나다 보니 이건 장난이 아니고 실제로 예배를 방해하며 심지어는 그 지역 이장님을 시켜서까지 당장 비우라고 협박을 하며 예배시간에 찾아와 압력을 넣었다.

　　그때 동네사람들이 나를 찾아와서 집주인을 나무라며 절대로 이사를 안 가도 된다고 하였지만, 나는 이 문제를 가지고 기도하는 가운데 말없이 이사를 가야 한다는 응답을 받고, 그 지역을 벗어나지 않기 위해 하는 수없이 맞은편 골목에 6평짜리 홀을 얻어 이사를 했다.

　　집주인은 우리가 만들어놓은 부엌과 방 한 칸을 그대로 쓰면서 우리에게 단돈 5만 원을 보상금이라 주면서, 당시 KBS 청주방송국 사무실로 1,200만 원의 전세를 받기 위해 기한 전에 우리를 내몰았던 것이었다.

아무리 개척교회였지만, 그래도 60평 홀에 있을 때는 나름대로 초라해 보이지는 않았으나 6평 홀에 창문도 열지 못하고 낮에도 불을 켜야 들어갈 수 있는 곳에서 예배를 드리려니 한심하기 그지없었다. 그래도 하나님의 또 다른 섭리가 있겠거니 생각하며 열심히 기도하고 있었다.

하루는 쫓겨난 건물에서 함께 세를 살았던 장광자 씨(현재 집사님)가 나를 찾아와 "사모님, 나 이번 주일부터 교회 다닐래요" 하는 것이었다. 우리가 쫓겨나는 것을 지켜본 그의 남편이 하는 말이, '이 집 주인이 혹시라도 벌을 받아서 건물에 불이라도 나면 우리 전셋돈도 못 받을지 모르니 우리도 전세 빼서 다른 곳으로 빨리 이사나 가고 당신도 그 교회 열심히 다니라'고 권했다는 것이었다.

그리고 곧 이어서 60평 홀에 있을 때 옆집에 살던 노처녀 이규화(현재 사모님) 씨도 교회를 나오기 시작해서 우리 교회 반주자가 되었고, 양진권 집사, 김정숙 집사와 국제기계 가족이었던 김광예 씨도 이때 생전 처음으로 교회에 나왔다. 그리고 재하와 용훈이 나 셋이서 그의 어머니 전병순 씨를 위해 40일 작정기도를 하고 있는 동안, 그의 어머니도 교회에 나오기 시작하였다. 이렇게 모두 어른 여섯 명이 6평 교회로 이사하면서 얻은 열매들이었다. 이때부터 우리는 재정집사를 세워 교회 재정을 관리하게 하고, 그 동안 늘어난 빚과 이자는 내가 맡아 관리하였다.

1981년 11월, 6평으로 이사하고 한 달 가량 지났을 때, 둘째 요한(현재 영어목회 전도사)이 태어나려고 산기가 보이기 시작하더니 새벽 5

시쯤에 양수가 터지고 말았다. 때를 맞춰 그때까지 우리와 함께 살던 강정숙 씨가 대전에서 남편을 만나기로 했다며 양수가 터진 나에게 굳이 함께 가자는 것이었다.

나는 큰아이 때도 3일을 고생하고 아이를 출산했기에 언제쯤이면 아이가 태어날 것을 대강 알 것 같아서, 차마 거절을 못하고 강정숙 씨와 함께 대전에 갔다가 저녁때가 다 되어서야 집에 도착했다.

산바라지를 위해 우리 집에 오셨던 친정어머니와 집주인 아주머니가 추운 겨울 정류장 앞에서 나를 기다리고 계시다가 양수가 터진 산모를 데리고 어디를 갔다 오느냐며 혹시 길거리에서 애를 낳았나 하여 몹시 걱정을 하셨다는 것이었다. 그래도 나는 아무렇지 않은 듯이 집으로 들어가며 내일 아침 9시가 조금 지나야 아기를 낳을 것이니 걱정들 하지 마시라고 말했다.

남편은 부랴부랴 조영배에게 10만 원을 빌려다가 떨어진 연탄과 쌀을 준비하고, 그날 밤 내내 고통을 참아내는 나를 보다 못해 의사를 부르기 위해 일어서면 붙잡고 또 다시 붙잡는 나와 함께 온 밤을 꼬박 새웠다. 그리고는 1981년 12월 16일 아침 9시 25분, 하나밖에 없는 아들 요한이가 태어났다.

단칸방에서부터 우리와 함께 살며 매일 기도를 받았던 강정숙 씨는 점점 건강이 좋아져서 1달 동안 정성껏 나의 산후조리를 돌봐준 뒤 우리 집에 온 지 3개월 만에 건강한 모습으로 가정에 돌아갔다. 그런데 어느 날 빨래를 걷으려고 옥상에 올라가 보니 옥상에 방 한 칸이 있는데, 열린 문을 들여다보니 커다란 불상이 3개나 놓여 있는 법당이었다. 그리고 2층으로 내려와 예배실로 들어가서 위치를 계산

해보니 내가 매일 앉아 기도하는 자리 바로 머리 위가 법당이었던 것이다.

나는 또다시 기도했다.

"하나님! 내가 매일 머리에 불상을 이고서 기도하고 있잖아요. 제발 이 건물주도 예수 믿고 구원받게 하셔서 내가 매일 머리에 이고 있는 저 불상이 하루빨리 없어지게 해주세요."

몇 달이 지났을까. 다시 옥상에 올라갔는데, 또다시 열린 방문을 들여다보니 세상에 불상 3개가 온데간데없이 사라졌기에 주인집 막내딸을 불러 자세히 알아보니 군대 갔던 오빠가 집에 왔다가 술을 먹고 옥상에 있던 불상 3개를 막대기로 모두 부수어, 그 조각들을 할아버지 묘지에 갖다 묻었다는 것이었다. 그러다가 건물주는 조금 떨어진 시골 동네로 이사를 갔다. 이사 간 지 얼마 안 되어 우리가 이웃 교회 부흥회에 참석하기 위해 어느 교회에 갔는데 놀랍게도 그 주인집 아저씨가 그 교회에서 북을 치고 있는 것이었다. 나는 그때 집으로 돌아와서 '기도는 내 능력 밖의 일이 처리되는 시간'임을 생각하게 되었다.

"블레셋 사람들이 하나님의 궤를 가지고 다곤의 신전에 들어가서 다곤 곁에 두었더니 아스돗 사람들이 이튿날 일찍이 일어나 본즉 다곤이 여호와의 궤 앞에서 엎드러져 그 얼굴이 땅에 닿았는지라 그들이 다곤을 일으켜 다시 그 자리에 세웠더니 그 이튿날 아침에 그들이 일찍이 일어나 본즉 다곤이 여호와의 궤 앞에서 또다시 엎드러져 얼굴이 땅에 닿았고 그 머리와 두 손목은 끊어져 문지방에 있고 다곤의 몸뚱이만 남았더라"(삼상 5:2-4).

실명한 오른쪽 눈의 시력을 되찾은 박기태 씨 부부가 보이지 않아 남편과 함께 심방을 갔더니 벌써 다른 교회 달력이 안방에 걸려있는 것이었다. 너무 놀란 나는 집으로 온 후 낙심하여 일주일을 먹지 못하고 누워 있었다. 앞으로 어떻게 평생 이런 일들을 견뎌낼 수 있을까를 생각하니 내 스스로 지쳐서 일어날 기운이 없었다.

그때 학교에서 돌아온 남편이 밥상을 차려들고 방에 들어와 누워있는 나를 일으켜 세우면서 "여보! 자식 1년 키워서 효도하는 것 보았어? 우리의 할일을 했으면 되는 것이니 그들이 어디서든 신앙생활을 잘하길 바랄 뿐이지"라며 "목회 하루이틀 할 것 아니고 평생을 오해와 배신과 상처를 안고도 견디고 감당해야 하는 것이 목회자의 삶이니 어서 일어나서 밥 먹고 힘을 내!" 하는 것이었다.

그때 나를 위로하는 남편의 모습을 보면서 그에 대한 존경심을 느꼈고 역시 남자가 여자보다 멀리 보는 안목을 가졌음을 인정하게 되었다.

얼마 후, 남편의 형님이 둘이 잠깐 다녀가라고 연락이 와서 대전 형님 댁 대사동으로 갔는데 미국에 있는 투엔씨교회가 한국에 땅을 사놓고 건축하지 못하는 세 교회를 추천해서 보내라는 연락이 왔다면서 제주도 한 교회, 대전의 한 교회, 그리고 한 곳으로 우리 교회를 추천해 보기는 하겠으나 사실상 너희 교회는 땅이 없으니 큰 기대는 하지 말라는 것이었다. 그 소식을 듣고 집으로 돌아오자마자 그날부터 정말 캄캄하고 답답하고 창문도 없는 6평짜리 예배당에서 큰딸 나라를 등에 업고 아들 요한이를 무릎에 앉히고 학교에 간 남편이 아침에 나가서 돌아올 때까지 한여름 구슬땀을 흘리면서 아니 땀으로 목욕하며 매일매일 뜨겁게 기도했다.

"하나님! 옥천교회는 그 돈이 아니면 예배당을 지을 수 없습니다."

그렇게 열심히 기도하다 보니 마음속에 확신이 생겼다. 그래서 가끔 부동산 아저씨를 모시고 땅을 보러 다니기 시작했는데, 또다시 형님이 우리를 부르시더니 '너희는 그 대상에서 제외되었으니 포기하라'는 것이었다.

그래도 우리는 실망하지 않고 계속 기도했다. 시편 24편 1절의 "땅과 거기에 충만한 것과 세계와 그 가운데에 사는 자들은 다 여호와의 것이로다", 그리고 학개 2장 8절의 "은도 내 것이요 금도 내 것이니라"는 말씀을 붙잡고 여전히 기도하며 여전히 부동산 아저씨와 땅을 보러 다녔다.

그러던 어느 날 서울 큰 교회에 다니는 남전도회 회장이라는 사람이 찾아와서 그 교회 남전도회 1년 예산이 6,000만 원인데, 그 가운데서 우리 교회를 돕고 싶다며 건축기금이 얼마라도 있느냐고 물어보기에 70만 원이 있다고 했다. 우리 교회 김정숙 집사님과 김선자 집사님과 내가 건축기금을 마련하기 위해 인삼 장사를 했다. 원칙적으로는 외상으로 팔고 못 받았기에 사실상은 70만 원의 빚을 내가 떠맡고 있었지만, 그분들의 고생이 대견스러워서 건축통장에 넣어두었던 20만 원과 그 당시 서울에서 근무했던 친구 옥림이 회사에 이종필 장로님이 보내주신 50만 원을 합한 돈이 70만 원이었다.

이야기를 듣고 난 그분은, 그거면 되었다고 하면서 굳이 학교에 가고 없는 남편을 만나 서울로 같이 갔으면 좋겠다는 것이었다. 그래서 나는 따듯한 점심을 지어 대접하고 아이들을 데리고 그 사람과 함께 대전침례신학교를 찾아가 간신히 남편을 만나 자초지종을 설명했더니, 남편은 고개를 갸우뚱하면서 믿을 수가 없다고 했다.

어리석고 순진했던 나는 밑져야 본전이니 그 사람과 함께 서울에 가서 담임목사님을 만나보고 오라고 하였다. 남편은 하는 수 없이 내키지 않는 발걸음을 돌려 대전역에 도착하여 어른 석 장의 기차표를 샀다. 그런데 순간적으로 머릿속에 스쳐가는 생각이 있었다. 우리가 서울에 간다 해도 큰 교회 목사님이 안 계시면 아무 소용이 없을 테니 그 목사님이 계신지를 전화로 확인해보고 가는 것이 순서일 것 같았다.

기도하는 마음으로 공중전화 부스를 찾아 전화를 걸었더니 그가 말하는 목사님은 집회 중이라 교회에 안 계신다는 것이었다. 그제서야 나는 그가 사기꾼이 틀림없음을 깨닫고 남편과 그 사람이 있는 곳으로 돌아왔다. 벌써 그 사람은 보이지 않았고, 남편에게 물어보니 다방에 가서 야구 시합을 구경하다가 기차가 출발할 때쯤 돌아오겠다고 했다는 것이다.

나는 그가 돌아오지 않을 것을 짐작하고 서울 가는 기차표를 현금으로 바꿔 놓고 혹시나 하는 마음으로 30분을 더 기다려 보았지만 그 사람은 끝내 돌아오지 않았다.

집으로 돌아오는 길에 우리 부부는 많은 이야기를 나누면서 몇 가지 추리소설을 구상하였다. 첫째, 그가 노린 것은 우리 교회 건축기금 70만 원이었고, 둘째, '그것을 어떻게 빼앗을까'였는데 분명 남편을 데리고 서울로 가서 감금을 하고 나에게 70만 원을 자기 통장으로 보내면 남편을 돌려보낸다고 했을 것이었다. 그때 일을 생각하면 정신이 아찔하고 끔찍해진다. 그러나 순간적인 하나님의 지혜로 위기를 면하게 된 것만 해도 얼마나 감사한지 모른다.

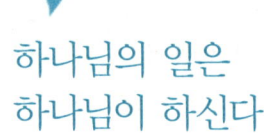

하나님의 일은
하나님이 하신다

1982년 12월, 우리는 다시 맞은편 건물 2층에 약 30평짜리 홀을 얻어 남편이 손수 판자로 칸을 막아 다시 방 한 칸 부엌 한 칸을 만들었고, 우리 교회 협동목사님이 보일러를 깔아주셔서 세 번째 이사를 하게 되었다.

하루는 용훈이 어머니가 나를 찾아와서 이렇게 말하였다.

"내가 작년에 처음 교회 나올 때 코에 혹이 있어서 수술 날짜를 잡아놓고 사모님한테 기도를 받았는데, 그 이후에 혹이 없어져서 수술을 받지 않았습니다. 그래서 하는 말인데 우리 조카가 정신 이상으로 중 2때 휴학을 하고 3년 동안 학교를 가지 못하고 있으니 기도해 주세요. 그런데 데려오고 싶어도 교인도 좋은 교인을 데려와야 하는데 가난한 정신병 환자를 데려오려니 전도사님, 사모님한테 죄송해서 여쭤보고 데려오려고요."

나는 "사람의 영혼의 가치는 가난하든 병들었든 하나님 앞에서는 다 똑같습니다. 어서 데려오세요"라고 말하고는 아이들을 맡겨놓고 김정숙 집사, 이규화 자매와 함께 한 주간을 주미산 기도원에 들어가서 준비 기도를 하였다. 그리고 기도하는 가운데 꿈을 통해 그 학생에게 역사하는 사탄의 정체를 파악하게 되었고, 교회로 돌아와 전 교인 일곱 명과 함께 또다시 일주일을 작정하고 학생의 집에서 매일 저녁 7시에 기도하기 시작했다.

첫째 날 그 집에 도착하여 막 방문을 열고 들어가려는데 박 학생이 나를 보고 "저년이 나를 죽이려고 왔다"면서 소리를 지르며 이불을 뒤집어쓰고 얼굴을 방바닥에 파묻고 있는 것이었다. 내가 이불을 벗기면서 "똑바로 앉아!" 하고 야단을 치자 양반다리를 하고 앉아 있던 학생은 그 자세로 껑충 뛰어 벽에 걸려 있던 수건을 내려서 나를 보지 않으려고 자기 눈을 가려 묶어버렸다.

나는 수건을 벗기면서 눈을 뜨고 나를 똑바로 바라보라고 말했지만, 그는 계속 눈을 감고 땀을 흘리며 떨고 있었다. 그와 같은 상태로 6일 동안 매일 밤 예배를 드리던 중 7일째 되는 날, 전교인 일곱 명이 그 집 대문에 들어서자 학생이 창문을 통해 밖으로 도망을 갔고, 우리들은 그를 찾아서 밤 10시가 넘어 교회로 데리고 왔다.

교회에 도착한 학생은 광란을 부리기 시작했고, 급기야는 일곱 사람이 붙들어 눕혔어도 온몸에 힘이 들어가고 반듯하게 굳어버린 것처럼 누워 아래위로 4~5cm씩 전신이 들썩들썩 뛰는 것이었다.

그때 남편이 그의 머리를 잡고 내가 가슴에 손을 얹고 교인들은 팔다리를 붙잡고 12시가 넘도록 뜨겁게 찬송하고 기도했을 때, 비로소 귀신이 정체를 드러내기 시작했다.

"이년아! 이까짓 것을 못 견딜 줄 알았느냐" 하며 욕과 함께 음란

한 말을 내뱉기 시작하는 것이었다. 생전 처음 듣는 말을 들어가며 속으로 하나님께 빨리 저 더러운 귀신이 떠나가게 해달라고 기도하고 있는데, 갑자기 그 학생의 머리 이마 관자놀이 부근에 새끼손가락 굵기의 힘줄이 툭 튀어나오더니 배에서도 갑자기 주먹만한 덩어리가 튀어 올라오는 것이었다.

그것을 놓칠세라 그 두 곳을 눌러주라는 감동이 밀려와서 양손으로 두 곳을 누르자 그 학생이 자지러지듯이 놀라며 얼굴빛이 자줏빛으로 변하고 이마에는 구슬 같은 땀이 뚝뚝 떨어지기 시작했다. 그때 우리는 예수님의 이름으로 떠날 것을 명령했고, 급기야 그는 새벽 2시에 나가겠다고 이야기하였다. 그러고는 새벽 2시가 되자 자줏빛이었던 얼굴에 환한 빛이 돌고 경련이 그친 뒤에 잠깐 잠을 자는 것 같더니 곧바로 온전한 사람이 되었다. 그리고는 얼마후 다시 학교에 복학하게 되었다.

"이르시되 기도 외에 다른 것으로는 이런 종류가 나갈 수 없느니라 하시니라"(막 9:29).

그 일이 있은 후, 우리 교인들은 가끔 그때의 일을 이야기했는데, 그 당시 교회 나온 지 얼마 되지 않았던 이규화 자매(현재 사모님)는 자기가 가장 졸자 같아서 그 학생의 발을 붙잡고 발바닥에 십자가를 그어가며 "물러가라! 물러가라!" 했다는 것이었다.

나는 그 일 뒤로, 기도는 능력을 얻기 위해 하는 것이 아니라 영혼을 사랑하며 복음의 뜨거운 열정을 품고 끊임없이 기도하다 보면 저절로 나도 모르는 사이에 능력을 축적하게 되는 것임을 깨닫고, 기도에 대한 나의 철학 열한 번째 "기도는 능력을 저축하는 것이다"를 만들게 되었다.

교회일을 하면서 가정을 꾸려 나갈 수 없을까를 생각하다가 누군가 금산이 가까우니 인삼장사를 해보라는 것이었다. 새벽에 금산에 가서 인삼을 사다가 아무도 모르는 곳을 찾아 언니가 살고 있는 경산으로 갔다. 아들을 등에 업고 큰딸의 손을 붙잡고 옥천에서 경산 가는 완행열차를 타고 꼬박 4시간을 서서 가다 보면 해가 뜰 때쯤 목적지에 도착한다.

무려 4시간이나 아들을 업고 서서 가다 보니 발등이 부어올라 걸음을 걸을 수가 없었지만, 인삼 두 박스를 양손에 들고 어깨에는 기저귀 가방과 성경 찬송을 메고, 큰딸에게는 인삼박스를 붙잡게 하고 경산역에서 버스 정류장을 지나 언니 집을 찾아갔다.

평생에 직장생활을 제대로 해본 적 없고 장사는 더더구나 안 해보았던 나는 언니와 함께 며칠 동안 인삼을 팔아보려 했으나 단 한 뿌리도 팔지 못했다. 사람이 있는 집에는 창피해서 들어가지도 못하고, 사람이 없으면 없어서 못 들어가고, 개가 있는 집에는 무서워서 못 들어가니 도저히 팔 수가 없었던 것이다.

그러자 생각 끝에 언니가 딱 한 집 가볼 데가 있다 해서 간 곳이 대성건재 곽은애 집사 댁이었다(현재 권사). 그때 곽 집사는 왜 인삼을 싱싱할 때 안 가져오고 시든 것을 가져왔느냐며 점심 식사를 위해 짬뽕을 한 그릇 시켜주었다. 그래도 명색이 사모인지라 축복기도를 하고 맛있게 먹고 나니 그는 몇몇 사람에게 전화를 걸어 시들은 인삼 2박스를 그 자리에서 해결해주었다. 그리고는 다음부터 시들지 않은 인삼을 가져오라 하였으나 두 번 다시 인삼을 가지고 그곳을 찾아가지 않았다.

나는 그때 많은 생각을 하면서 집으로 돌아왔다.

'내가 어려서부터 예수를 믿고 일찍이 은혜를 받아 나름대로 청년의 때를 온전히 연애도 안 해보고 주를 위해 살았는데, 왜! 무슨 죄가 그리 많아서 이렇게 힘들게 살아야 하나! 하나님은 왜 우리를 침례교회가 두 번이나 실패한 지역에 보내셨나. 왜 기금위원회에서는 우리를 특수 지역이었던 옥천이 아니면 기금돈을 안 주겠다고 했는가' 등등.

그렇게 고민했던 궁금증이 채 풀리기도 전에 나는 하나님의 섭리를 깨닫게 되었다.

요셉이 억울하게 팔려가고 억울하게 끌려갔던 감옥이 바로 그가 총리가 되는 지름길이었던 것처럼 처량하게 인삼을 들고 4시간이나 서서 완행열차를, 그것도 아이를 업고 안고 고생하며 갔던 나의 그 장삿길이 얼마 안 되어 그 이후 16년이나 매월 주강사로 기쁘게 달려가는 집회길이 되었다.

그리고 얼마 후 이동원 목사님이 시무하시는 서울침례교회 제2남선교회 회원들이 찾아와 매월 10만 원씩 우리 교회를 돕겠다며, 오는 5월에는 우리 교회와 함께 침례교 수양관 냇가에서 함께 야외예배를 드리자는 것이었다.

서울에서 우리 교인들의 점심도 다 챙겨올 테니 우리 교인들은 몸만 나오라고 하였지만, 그래도 우리는 성의껏 음식을 마련해야 한다고 생각하고 쑥을 뜯어서 쑥떡을 준비해 약속장소에 갔다.

그때 이동원 목사님이 오신다는 소리를 듣고, 당시 침례교 기금위원회 총무로 일하시던 남편의 형님이 딸기 네 상자를 사다가 그들을 대접했고, 이동원 목사님이 저분이 누구냐고 물어 형님이라고 대답하자 우리에게 약속했던 10만 원의 지원금은 그 야유예배를 계기로 처음이자 마지막 지원금이 되었다.

우리 부부는 그 일을 겪으면서 하나님의 특별한 섭리가 있을 것이라고 믿고 전국 어느 교회에서도 도움을 요청하지 않은 채 개척교회의 고충과 어려움을 극복하려 노력했다.

"우리가 알거니와 하나님을 사랑하는 자 곧 그의 뜻대로 부르심을 입은 자들에게는 모든 것이 합력하여 선을 이루느니라"(롬 8:28).

그러다가 1983년 5월 미국에서 편지 한 통이 날아왔는데, 1년 전에 형님이 '너희 교회는 땅이 없어서 지원 대상에서 제외되었으니 포기하라'고 했던 1250만 원이 1450만원으로 불어나 직접 우리 교회로 온 것이다.

이렇게 하나님은 당신을 신뢰하고 의지하는 자들에게 응답하시는 신실하신 하나님이시며(민 23:19) 하나님의 일은 하나님이 하신다는 것을 크게 경험하게 되었다(사 42:8).

그렇게 우리는 1년 넘게 그 돈을 위해 기도하면서 의심 없이 부동산 아저씨와 땅을 보아 오다가 정작 땅을 살 때는 하나님이 연결해 주신 사람과 다른 장소에 땅을 사게 되었다. 그곳은 우리가 처음 개척지를 둘러보러 왔을 때, 언덕에서 보았던 동쪽 작은 언덕 밑의 양지 바른 마을이었던 지금의 교회 자리 공고 옆 금구리 32-12번지였다.

그곳에 교회를 짓기로 약속했던 그 일을 까마득히 잊은 채 어느 날 구역예배를 마치고 공고 옆에 있었던 다리를 건너려는데 누군가가 내 머리를 체육공원 쪽으로 돌려 공고 옆에 있는 공터를 향해 눈길을 끌어가는 것이었다.

그 순간 3년 전 그곳에 교회를 세우자고 남편과 처음 약속했던 생각이 나서 부랴부랴 땅주인을 찾아 62평 한 필지를 사고 곧이어 또 다른 땅 임자를 만나기 위해 만삭의 배를 안고 찾아가서 간신히 계약을 했다. 그때 교인들은 그 동안 늘어났던 700만 원의 교회 빚을 갚고 땅을 62평만 사려고 하였으나 남편은 62평으로는 도저히 건축이 불가능하다고 말하면서 700만 원의 빚은 개인적으로 떠안고 또 다른 64평의 땅을 계약하여 126평의 교회 부지를 확보하게 되었다.

그리고 보니 약 1년 동안 나와 함께 땅을 보러 다녔던 부동산 아저씨와는 상관없는 땅을 구입하게 되었지만, 그래도 그분의 수고를 모른 체할 수 없다고 생각되어 당시 한 필지를 소개해주셨던 이규화 자매의 부친과 똑같은 금액의 사례비를 두 분에게 전달해 드렸다.

6부

성전 건축

100번째 교회가
4년 만에 4번째 교회로

지금쯤만 같았어도 그렇게 무모하게 무리해서 건축을 하지 않았을 텐데 1983년 남편은 32세, 나는 31세여서 세상 물정 모르는 철부지 때였으니 우리 부부는 개척해서 3년 안에 건축을 해야 한다고 굳게 약속을 했었고, 또한 예배당이 있어야 교회 부흥을 앞당길 수 있다고 믿었었다. 그래서 열 명도 안 되는 교인들과 교회를 떠났던 박기태 집사 부부가 보내온 10만 원을 합친 50만 원과 건축기금 400만 원, 그리고 미국에서 보내온 돈으로 땅을 사고 남은 90만 원을 비롯한 친정식구들과 지인들이 헌금해준 280만 원, 인삼 이익금 20만 원 그리고 전세 들어있던 250만 원에 우리 부부가 100만 원을 보탠 약 1,200만 원으로 건축업자를 만나 1200만 원의 공사만 해달라고 부탁을 했다.

건축을 맡았던 업자는 붉은 벽돌 60평 건물을 완공해 놓고 일부 자재비와 인건비를 남겨놓고 사라져 버렸으니 몰려오는 일꾼들의 인건비를 모른 체할 수 없어 사채를 빌려 대금을 지불하고 보니 1983년

12월에 2,000만 원의 빚이 남게 되었다.

    교회 땅을 총회로 넘겨 법인으로 등재하다 보니 담보물이 없었다. 그래서 은행 돈을 쓸 수 없어서 비싼 사채 2부 이자를 쓰다 보니 빚이 점점 늘어났다. 그런데 예배당에 입주하고 난 그 이듬해인 1984년 말에는 장년 100여 명 이상으로 교회가 급성장하여 마침내 1980년 개척 당시 옥천군 내 100개 교회 중에 꼴등이었던 우리 교회는 불과 4년 만에 네 번째 교회로 성장하여 청장년 약 150명의 교회로 발전하게 되었다.

    그때 우리 교인들은 어디서 신앙생활을 하다가 온 사람들은 거의 없었고 대부분 병든 사람들이 나와 고침을 받았거나, 귀신들린 사람들이 치료받은 사람들이었다. 그러니 예배당을 짓고 입주를 했어도 성가대 식사를 나 혼자 준비했고, 예배당 청소는 남편이 혼자 다 도맡아 해도 처음에는 같이 하려는 사람들이 하나도 없었다.

    그래도 재정 집사님들이 나를 돕는다고 돈을 빌려주었으나 어떤 사람은 15년을, 다른 사람은 10년을 빌려주고 2부 이자를 받아갔는데, 매월 사례비에서 자기들의 이자를 먼저 떼고 남은 몇십만 원이 생활비의 전부였다.

    그러는 사이에도 이자는 눈덩이처럼 점점 불어나고 있었다. 잠도 자지 않고 늘어나는 빚은 3년 뒤에 두 배가 되어 있었으니, 별다른 방법이 없다고 생각한 교인들과 의논해 교회마당 30평을 천만 원에 팔아 빚을 갚았다. 1983년 당시 이때 처음 2천만 원이었던 빚은 1987년 땅을 팔 때에는 5천만 원이 넘었으니, 땅을 팔아 천만 원을 갚고 난 후에도 4천만 원 이상으로 남아 있었다. 그러나 문제는 화장실이 팔린 땅 안에 들어갔으므로 당장 화장실 공사를 해야 했는데 그때도 아무도 협조하는 사람이 없었다. 또다시 300만 원을 개인 빚으로 내어 화장실 공사를 하게 되었다.

더 큰 문제는 마당이 팔리면서 그곳에 천막을 치고 운영했던 선교원 어린이 80명이 오갈 데가 없게 된 것이었다. 그러자 어린이 교육(전도)에 중점을 두고 있던 우리 부부는 2층에 조립식 건물 60평을 지어 예배실이 올라가고 아래층 47평에 선교원을 그대로 유지하는 것이 어떻겠냐고 교인들과 의논했으나 이때도 역시 한 사람도 협조하지 않았다. 고개만 떨구고 있는 교인들을 바라보다 못해 600만 원 대출을 얻어서 2층 조립식 60평을 지어서 교회로 쓰고 아래층 47평에 선교원을 운영하였다. 그때 주일학교 학생 50여 명이 거의 다 선교원 학생이 되었었다.

이때도 역시 개인 빚이라 하면서 600만 원의 빚이 나에게 늘어났다. 이렇게 교회에서 부담해야 할 일들을 아무도 자원하는 사람이 없어서 전부 다 개인적으로 감당했던 것이다. 그렇다고 선교원에서 돈을 남기는 것도 아니고 1인당 8,000원씩 받아 점심을 먹이고 3명의 선생님을 두어 오후 3시까지 아이들을 돌봐주면서 지역사회 부모들을 전도했고, 어린이날이면 각 학교 교장선생님에게 공문을 보내 협조를 구하여 어린이날 행사로 그림그리기 대회를 열어 푸짐한 상품들을 나누어주며 지역 사회의 어린이 교육을 이끌어 갔다. 그렇게 선교원을 운영하며 가장 보람 있었던 일은, 초등학교 전교 1등은 모두 우리 선교원 졸업생이었고, 중학교, 고등학교 전교 1등 역시 우리 선교원 졸업생들이었다.

그러다가 우리 교회 교인 집에서 본격적인 유치원을 하게 되면서 아이들을 신앙으로 잘 키워 달라 부탁하고 선교원은 문을 닫았고, 1층 47평 안에는 따듯한 보일러를 깔아 기도특공대를 조직하여 저녁마다 모여 뜨겁게 기도할 수 있었다.

주일에는 전교인이 함께 식사할 수 있는 뷔페식당을 꾸며놓고 가까이에 위치한 경로당 노인 분들을 모셔다가 식사를 대접하고 그 후에 교인들이 식사를 하도록 했다. 그때 경로당 노인 분들은 자녀들에게 교회 가려면 침례교회나 나가라고 하며 우리 교회를 칭찬해 주시기도 하였다.

마태복음 5장 29-30절에 "만일 네 오른눈이 너로 실족하게 하거든 빼어 내버리라 네 백체 중 하나가 없어지고 온 몸이 지옥에 던져지지 않는 것이 유익하며 또한 만일 네 오른손이 너로 실족하게 하거든 찍어 내버리라 네 백체 중 하나가 없어지고 온 몸이 지옥에 던져지지 않는 것이 유익하니라" 하였다. 이 말씀은 영혼이 구원받는 사실이 얼마나 귀하고 가치있는 것인가를 잘 설명해주는 말씀이다. 한 영혼의 가치는 과연 천하보다 귀하기에 육신의 모든 것을 포기할지라도 영혼이 구원받아야 할 이유를 잘 알려주는 말씀이다.

나는 그렇게 오랜 시간 물질로 인한 고난을 겪어 오면서도, 내가 기쁘게 감당할 수 있었던 것은 그들에게 구원받을 기회를 제공하고 있다는 한 가지 사실 때문이었다.

요한이 할머니

　1983년 9월부터 건축을 시작하였는데 시작부터 순탄하지가 않았다. 기초공사를 하려고 땅을 파기 시작하자 뒷집 할머니가 오셔서 땅 속에 들어가서 나를 묻기 전에는 공사를 못 한다는 것이었다. 기초공사가 일주일이 늦어지자 서울에 계신 친정아버지가 오셔서 옥천 군청 담당자를 찾아가 '당신들이 허가를 냈으면 공사를 진행할 수 있게 해줘야 할 것 아니냐'며 협조를 구하였다. 결국 군청 직원들이 나와서 할머니를 설득한 후 공사가 진행될 수 있었다. 그런 다음 예배당을 완공한 1년 뒤에 그렇게 건강하셨던 그 뒷집 할머니는 안타깝게도 정말로 세상을 떠나셨다.
　그런가 하면 예배당 공사를 진행할 때는, 7월에 막내 소라를 낳은 지 두 달 후였기에, 날씨가 더워 산후 조리도 제대로 못한 채 혼자서 아침새참, 저녁새참으로 하루에 두 번씩 아이를 업고, 머리에 음식을 이고, 큰딸 나라와 아들 요한이는 다른 음식을 들은 내 손을 잡게 하고 걸어다니며 음식을 날랐다. 그래도 교인들 중에는 단 한 사람도 와서 나를 도와주는 사람이 없었다.

하루는 아이들을 데리고 다니니까 너무 걸음이 늦어서 생각하다 못해 아이들 셋을 모두 집에 두고 새참을 배달하였다. 그런데 돌아와 보니 아들이 없어진 것이었다. 집 앞을 다 찾아봤으나 아들은 보이지 않더니 누군가의 오토바이 밑에 앉아서 놀고 있는 것이었다. 너무나 놀란 나는 아들을 당장에 안아들고 집으로 돌아와 아이들을 잃어버리거나 다치는 것보다 차라리 집 안에 두고 문을 잠그는 것이 안전할 것 같아 밖에서 문을 잠근 후에 새참을 배달하였다. 어느 날 새참을 갖다 주고 돌아와 보니 태어난 지 두 달밖에 안 된 막내 소라가 자지러지게 울고 있었다.

아이의 울음소리를 들은 동네 할머니 한 분이 우리 집 방문 앞에서 발을 동동 구르고 계시면서 '문이나 잠그지 말아야 애들을 좀 봐줄 것 아니냐'며 나를 꾸중하셨다. 그 이후부터 할머니는 우리 요한이를 데려다가 예배당 공사를 마칠 때까지 키워주셨다.

그 할머니 말씀이 세 살짜리 요한이는 밥을 먹으려면 눈을 감고 "아멘" 하고야 밥을 먹는다며 매주 요한이를 데리고 교회를 나오시는 것이었다. 그래서 우리는 그 할머니를 요한이 할머니라고 부르기 시작했다.

나는 이 글을 쓰면서 지난 35년의 목회 생활을 한눈으로 평가하는 기회를 스스로 가지면서 많은 아쉬운 점을 발견하였다. 첫째, 땅을 구입할 때처럼 기도로 준비하고 응답받지 않고 건축을 시작한 점, 둘째, 교인 열 명의 자체 건축헌금 50만 원으로 시작한 점, 셋째, 내가 말한 대로 당분간 빚을 갚을 때까지만이라도 땅을 담보로 은행 빚을 쓰지 못하고 총회로 등기를 빨리 넘긴 점들이 아쉬웠다.

　이 모든 요인들이 이토록 오랜 시간 우리가 감당해야 하는 고통을 만들었던 것이다. 마치 엘리야가 응답 없이 형편을 보고 움직였다가 로뎀나무를 경험했던 것처럼 말이다.

　그러나 지내놓고 보면 그래도 뿌듯하게 느껴지는 것도 있다. 젊은 시절 나의 안일과 이익만을 위해 살지 않고, 그래도 짧지 않은 세월 동안 내 십자가를 감당하느라 밤마다 철야를 하며 부르짖어 기도하게 되었고, 단 하루도 뜨거운 눈물과 통곡의 기도 없는 하루 해를 넘길 수 없었던 지난날이 나로 하여금 하나님께 가까이 나아가게 했으며, 그분을 의지하는 것이 무엇이며, 사랑하는 것이 어떤 것이고, 예수님의 발자취를 따라가는 삶이 어떤 것인가를 깨닫게 되었다.

서른세 살 과부는
안 됩니다

교회에 빚이 있었지만 그 빚은 소리 없이 내가 감당하고 있었으니, 재정부에서나 교인들은 아무 부담 없이 교회 생활을 할 수 있었고, 교회 부흥 역시 차질 없이 진행되고 있었다.

어느 날 도로공사 직원이었던, 지금은 돌아가신 한정섭 씨가 부인과 함께 교회를 찾아왔다. 알고 보니 그들은 이미 가족회의를 마치고 어린 남매를 각각 형님들에게 맡기기로 약속된 상태였는데, 그 이유는 한정섭 씨가 당뇨, 신장, 간의 합병증으로 이미 충남대학 병원에서 사형선고를 받은 상태였기 때문이다.

그때 부인의 나이 33세였으니, 그들이 우리 교회 교인이 된 후에 나는 밤마다 잠을 이루지 못하고 예배당에 나가 강단 앞에 엎드려 기도하기 시작했다.

"하나님! 서른세 살 과부는 안 됩니다. 저들이 우리 교회 교인이 된 이상 절대로 내 눈앞에서 과부가 되는 것을 볼 수 없습니다. 살려 주세요! 살려내세요!"

이렇게 3개월을 부르짖었는데, 살아계신 하나님이 우리의 기도에 응답하셔서 교회 나온 지 3개월 만에 온몸이 드럼통같이 부어 눕지도 못하고 이불을 개놓고 기대어 잠을 자던 그가 깨끗하게 치료를 받아 온전하게 되었던 것이다. 그는 다시 충남대학 병원에 가서 검사를 받았는데 의사들이 깜짝 놀랄 만큼, 간, 신장, 당뇨, 세 가지 병이 온데간데없이 사라지고, 모든 기능들이 정상으로 돌아왔다는 것이었다.

나도 그때서야 알게 된 일이지만 의사들이 사형선고를 내릴 때는 간에 약을 쓰면 신장에 독이 되고, 신장에 약을 쓰면 또 다른 장기에 독이 되어 어떤 약도 투여할 수 없을 때 사형선고를 내린다는 것이었다.

그런데 이렇게 하나님의 능력을 경험하고도 그는 건강이 회복되자 다시 끊었던 담배를 피우고 주일에 교회도 오지 않고 낚시터로 달려가는 모습을 보였다.

그가 처음 교회에 나왔을 때 나는 강단 앞에 꿇어 앉아 제발 15년이라도 그의 생명을 연장시켜 달라고 부르짖던 그 기도가 아까워서 "하나님! 저가 아무리 배은망덕하게 산다 할지라도 이왕에 연장시켜주신 생명은 건들이지 말아주세요. 아이들과 행복하게 살게 해주세요"라고 기도하였다. 후에 알게 된 일은 소식도 없이 교회를 떠나 대전으로 이사를 갔는데 정말 15년을 더 살다가 세상을 떠났다고 한다.

사람은 얼마나 오래 사느냐가 중요한 것이 아니라 얼마나 영적으로 성숙해서 하나님의 형상을 회복하느냐가 중요한 것이라 생각한다. 그러므로 혹 육신이 병들어서 하나님 나라가 가까이 다가옴을 느낄지라도, 결코 슬퍼하거나 낙망하지 말아야 할 이유는 인생의 삶의 목적이 성공이나 장수하는 데 있지 않기 때문이다.

사람은 하나님의 형상을 따라 지음 받았기에(창 1:26) 죄의 결과로 인해 잃어버린 하나님의 형상인 거룩함을(벧전 1:16) 회복하는 것이 가장 귀한 인생의 과업이라 할 수 있다. 어떤 이는 90세가 되어서야 성숙한 사람이 되기도 하고, 어떤 이는 30세에도 성숙함을 이루었다면, 우리가 언제, 어느 때에 하나님 나라에 가느냐에 상관없이, 하나님의 그 거룩하고 아름다운 형상을 회복한 그 한 가지가 인생 최대의 성공이요, 하나님 나라에서의 가장 큰 영광이라고 확신한다.

"해의 영광도 다르며 달의 영광도 다르며 별의 영광도 다른데 별과 별의 영광이 다르도다"(고전 15:41).

목사님을 보내면
우리는 천벌 받습니다

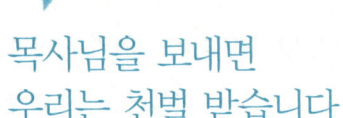

　교인 수는 늘어났으나 교회 빚은 계속 불어나 5천만 원이 되었을 때쯤 우리 부부는 교회를 떠나려고 했던 적이 있었다. 만약에 빚으로 인해 교인들이 줄어들거나 문제라도 생기면 어떡하나 하는 염려 때문에 개척을 준비하고 있던 동기 목사님에게 '차라리 오셔서 이 빚을 갚고 나면 교회는 더 부흥이 빠를 것이고 당신은 처음으로 개척을 하는 것보다는 나을 것이다. 교회만 살린다면 우리는 빈손 들고 나가 단칸방에서라도 다시 시작하겠다'고 약속을 하고 그 일을 위해 제직회를 열었다.

　그때 우리 교회 재정집사였던 이점승 집사님이 "우리가 그렇게 목사님을 보내면 우리 교인들은 천벌 받습니다"라고 하며 우리를 보내려 하지 않고 1987년 네 명이 400만 원을 헌금하고 대책위원회가 구성되어 30여 명의 집사님들이 모여서 의논을 하였다. 그런데 당시 우리 교회 협동목사님으로 계시던 분이 갑자기 나서더니 빚이 너무 많아 힘들다며 나도 목사라서 돈이 없고 이건 해결할 수 없는 문제라며 분위기를 깨고 그 모임은 아무런 소득 없이 무산되고 말았다.

그러다가 남편이 모금을 하기 위해 미국집회를 떠난다는 소식을 듣고 중학교 영어 선생님이었던 박OO 집사님이 함께 가게 되었다. 그때 우리는 남편의 비행기표도 빚을 얻어야 구입할 수 있는 형편인지라 재정을 맡아 수고하던 이OO 집사에게 미국에서 모금을 하면 비행기표 값으로 빌린 돈은 제일 먼저 갚아주기로 약속한 후에 남편과 박 집사님은 미국으로 떠났다.

그런데 문제는 미국에서의 모금도 쉬운 일이 아니어서 10개 미국인 교회, 10개 한국인 교회에서 집회를 하며 50일 동안 최선을 다했지만 약 200만 원밖에 모금하지 못했다. 약속했던 비행기표 값을 갚을 수밖에 없었는데 나중에 알고 보니 그 일로 인해 박 집사님은 무척 서운했었다고 한다.

그후 나는 수억대의 교회 빚을 혼자 감당해 내면서 이OO 집사와의 약속을 먼저 지키기 위해 교회에 헌금하지 못했던 일이 두고두고 가슴 아픈 후회로 남게 되었다.

천사가 돕는 기도

　미국까지 다녀왔지만 뾰족한 수도 없고 교인들의 숫자는 늘어났지만 빚을 갚기 위해 헌금을 하는 사람은 많지 않다 보니, 또다시 엎드려 기도하는 길밖에 없었다. 우리 부부는 날마다 엎드려 남편은 강단에서, 나는 예배실 뒤편에서 기도하고 있었는데 하루는 협동목사님이 찾아와서 오늘 밤 자기도 함께 기도하겠다고 하였다.

　그때 우리는 밤 10시에 예배당에 나가 남편은 강단에다 자리를 잡고, 협동목사님은 예배실 왼쪽, 나는 예배실 오른쪽에 앉아 삼각형을 이루고 기도하기 시작했다. 한 시간쯤 지나자 두 분 목사님은 잠이 드신 것같이 기도소리가 들리지 않았고, 그날 밤 나는 천사가 돕는 기도가 무엇인지를 경험하게 되었다.

　나는 그날 두 무릎을 꿇었으나, 꿇었는지 안 꿇었는지 감각이 없을 정도로 누군가가 내 무릎을 방석에 싸서 손으로 받들고 있는 것처럼 아주 포근한 자세로 기도할 수 있었다. 그런가 하면, 밤새도록 천사가 옆에서 기도의 내용을 제공해 주었는데 동시에 그렇게 성도들 한 사람 한 사람을 사랑하며 영적 상태를 살피면서 뜨거운 눈물로 진심 어린 기도를 해본 적은 그때가 처음이었다.

그때 시간 개념이나 육체적 불편함을 전혀 느끼지 못한 채, 온전히 온 마음으로 성령께 이끌려 새벽기도 시간이 될 때까지 무려 7시간을 기도하였다. 단 한 번도 찬송을 부르거나 방언 기도를 하지 않았어도 천사가 돕는 기도를 통해 말로 다 형용할 수 없는 은혜를 누릴 수 있었던 행운의 순간이었다. 내가 가장 큰 고통의 십자가를 지고 몸부림치면서도 낙망하지 않고 살아계신 하나님을 의지하며 끊임없이 소망 중에 부르짖을 때에 나를 위로하셨던 주님의 은혜였다.

이윽고 새벽기도 시간이 되어 두 분 목사님이 일어나셨고, 그 날 새벽 협동목사님께서는 회개의 예물이라며 100만 원의 헌금을 하기도 하셨다.

200만 원 드릴 수 있도록
20만 원 빌려주세요

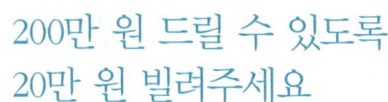

　이웃 교회에 지금은 돌아가신, 이태안 목사님이란 분이 계셨다. 몇 달간은 여유가 있으니 급한 것을 메우라며 200만 원을 빌려주셨다가 갑자기 써야 할 일이 생겼다며 일주일 내에 돌려달라는 것이었다. 청천벽력 같은 연락을 받고 그래도 그때까지는 약속을 생명처럼 지키면서 그나마 버텨왔던 나는 또다시 2층 예배실로 올라가서 땅을 치며 기도하기 시작했다.

　그때 13평짜리 문정아파트에는 우리 교회 교인 네 가정이 살고 있었는데 심방 갔을 때, 전세는 300만 원이고 그 집을 사는 데는 100만 원이라고 했던 생각이 떠올라서 기도를 마치고 내려와 남편에게 13평 아파트를 하나 사면 일주일 내에 200만 원을 갚을 수 있겠다고 했다. 그 말을 들은 남편은 후일에라도 투기를 했다는 소리를 들을 수 있으니 안 된다고 만류하였으나 별다른 방법을 찾지 못한 나는 오로지 약속을 지켜야 한다는 생각으로 이 목사님께 전화를 해서 200만 원을 받으려면 빨리 20만 원을 가져다주시라고 부탁하였다. 이 목사님은 오토바이를 타고 급히 20만 원을 가져다 주셨다.

빌린 20만 원으로 아파트 계약금을 지불하고 일주일 안에 세입자를 찾아 전세를 놓게 되었다. 그때 받은 전세 계약금으로 이 목사님께 다시 빌린 20만 원을 갚고, 전세 중도금 받은 것으로 아파트 중도금을 내고, 전세 잔금을 받아 아파트 잔금을 내고도 전세돈은 200만 원이 남아 약속대로 이 목사님께 일주일 안에 200만 원을 갚을 수가 있었다.

이 모든 일은 그 아파트에 살고 있었던 우태명 집사님이 게시판에 전세 광고를 붙이는 등 기도하면서 열심으로 도와 주셔서 가능했던 일이었다. 그 후로 1년쯤 지났을 때 100만 원에 샀던 아파트는 900만 원에 팔게 되어 전세 들어 있던 300만 원을 내어주고 주택은행 융자 월 10만 원씩 100만 원을 제하고 보니 500만 원의 이익금을 보게 되어 50만 원의 십일조를 헌금하고 남은 450만 원으로 또 다른 빚을 갚게 되었다.

만약에 내가 그 무렵에 물질에 욕심이 있었다면 세상 돌아가는 것을 훤히 내다보고 엄청난 돈을 벌었을 것이다. 그러나 내가 사는 이유는 물질과 세상 것을 얻기 위함이 아니었기에 빚을 갚기 위해서는 어쩔 수 없었으나 적어도 투기를 하다가 빚을 만들 만큼 어리석게 세상 것을 위해 살지는 않았다.

그 당시 우리 교회 교인들은 대부분 믿음이 어린 초신자들이었기에, 그들보다 먼저 믿은 우리가 희생해야 한다고 생각했다. 그래서 교인들의 믿음이 자라나 성전 건축의 필요를 느끼고 그 일을 위해 희생할 수 있을 때까지 기다리지 못하고 우리가 무리하게 진행한 것이었고, 이 일을 두고 세상 사람들은 우리를 어리석다 말하겠지만 우리는 지금도 그때 일을 후회하지 않는다.

나는 내게 주신 젊은 때를 최선을 다하여 죽도록 충성하려 노력했고 마침내 하나님의 도우심으로 옥천교회가 세워졌다. 그리고 무너져가는 청주교회를 살릴 수 있었던 것은 하나님이 내게 주신 축복의 기회였다고 확신한다.

아무것도 하지 않은 사람은 아무것도 깨닫지 못하지만 비록 실수가 있을지라도 맡은 일에 최선을 다하며 사력을 다했던 사람은 모든 것이 합력하여 선을 이루시는 하나님의 뜻에 따라 반드시 쓰임 받는 사람이 될 것이라고 믿는다.

7부
중앙선교원

목사님!
헬멧 쓴 얼굴이 생각나요

　아래층 47평에서 선교원을 운영할 때 당연히 적자 운영일 수밖에 없었지만 우리 주일학교 어린이는 거의 선교원 아이들이었고, 그러다 보니 차츰 부모님들까지 하나둘씩 교회에 출석하기 시작하였다.

　그 중에 오 교감 댁 오세정의 어머니 박금숙 씨가 교회에 나왔는데, 어느 날 "목사님! 헬멧 쓴 얼굴이 생각나요!" 하는 것이었다. 알고 보니 남편이 결혼 전에 울산 현대조선 자재과에 있을 때 같은 사무실에서 근무했던 것을 기억한 것이었다.

　그 후에도 박금숙 씨는 그때 일을 되뇌어 가끔 즐거운 대화를 나누곤 했다. 그러던 어느 날 그와 함께 기도하며 남편의 문제를 의논하다 알게 되었는데, 그의 남편은 서울법대를 졸업하고도 고시에 합격을 못해 웬만한 직장은 가려고도 하지 않은 채 친구들과 어울려 노름방에서 세월을 보내기가 일쑤였다. 가정 생활은 물론 그 아내의 고충은 말로 다할 수가 없었다.

　그 이야기를 듣고 이제는 박금숙 씨도 집사가 되었으니 나와 함께 기도해보지 않겠느냐며 한 가지 제안을 했다. 나는 그렇게 평생을 마음고생하며 살 것인가 아니면 한번 죽을 각오로 기도하다가 운명을 바꿔볼 것인가를 스스로 선택하라고 했다.

박 집사는 나와 함께 40일을 작정하고 기도하기로 뜻을 굳히고 밤마다 모여 40일 작정 기도를 시작했다. 그렇게 우리가 강단 앞에 엎드려 40일 기도하기를 두 번째쯤 하였을 때 하나님은 그 가정에 복된 일을 시작하시며 그 남편의 형님들을 통해 양품점을 오픈할 수 있도록 역사하셨다. 그래서 옷가게 이름을 '벧엘 양행' 이라 정하였다.

서울로 물건을 사러 가야 하는데 알고 보니 박 집사는 평생에 한 번도 서울을 가본 적이 없다는 것이었다. 하는 수 없이 박 집사를 데리고 새벽기차를 타고 서울로 올라가 남대문, 동대문을 들러 옷가지들을 사서 가게를 채워 놓았다. 그리고 그럭저럭 가게 운영이 제법 잘 돌아갈 때쯤엔 그의 남편 형님들이 또다시 의논한 결과, 그 남편이 고향을 떠나야만 새로운 삶을 살 수 있겠다고 생각하고 잠실에 아파트 한 채를 사놓고 새로운 직장을 잡아서 이사를 시켰다.

나는 그때 교인들 문제가 해결되고 가정에 살길이 열리는 것이 한없이 기쁘고 감사했지만, 한편으로 좋은 교인이 이사를 갈 때마다 매우 섭섭한 마음을 금할 길이 없었다.

"너희는 우리의 영광이요 기쁨이니라"(살전 2:20).

한마음 사진관

예쁘게 신앙생활을 잘하고 있던 박금숙 집사는 서울로 이사 가기 전에 자리 한자리를 채워놓고 가겠다며 한마음 사진관을 경영하고 있던 이성자 씨를 전도해 와서 우리 교회에 등록시켜 놓고 자기가 예수 믿고 하나님께 받은 은혜와 간증을 통해 이성자 씨에게도 많은 영향을 끼쳤다.

이성자 씨 역시 남매가 선교원에 다녔고 그도 역시 예배에 출석하며 신앙생활을 곧잘 하였다. 신앙이 조금씩 성장해가면서 그는 이것저것 물어보기도 하고 때론 깊은 상담도 해가면서 나와도 자연스레 가까워지기 시작했는데, 하루는 나를 찾아와 하는 말이 "사모님! 우리 가정도 축복을 받을 수 있게 도와주세요!" 하는 것이었다.

결혼해서 지금까지 10년 동안 모은 재산이 총 2000만 원인데 자기는 그 돈으로 아파트를 사고 싶으나 남편이 2000만 원 전 재산을 증권에 투자하고 있다는 것이었다. 그의 말을 듣고 있던 순간 나도 모르게 "전액 모두 빨리 빼라. 금년 말에 증권이 바닥으로 내려가면 전 재산이 날아갈 것"이라고 했다.

　이성자 씨는 집에 돌아가 내게 들은 말을 전하며 2000만 원을 모두 빼면 그 당시 전세를 끼고 아파트 34평 두 채를 살 수 있었는데, 남편은 극구 반대하였다. 그래서 그러면 반반씩 나누어서 투자를 해보라며 재산의 절반이었던 1000만 원을 빼주었다.

　그는 대전에 34평짜리 아파트 한 채를 1000만 원에 융자를 끼고 3040만 원에 사서 3000만 원에 전세를 놓았으니 도로 1000만 원이 남아서 2100만 원으로 또 한 채를 사 놓았다가 3년 후에 많은 돈을 벌었다. 그리고 그 남편이 증권에 투자했던 1000만 원은 그해 12월에 한 푼도 못 건지고 다 잃어버리고 말았다. 만약에 2000만 원을 그대로 증권에 부었다면 아마 그 집의 전 재산이 날아갔을 것이다.

목사님! 스승의 날입니다

선교원을 통해서도 점점 교회가 부흥되고 있을 때였다. 한 학생의 할머니께서 '천궁'이란 식당을 운영하셨는데 하루는 전화를 해서 "목사님! 오늘이 스승의 날입니다"라고 하며 선교원 선생님들과 함께 와서 식사를 하시라고 우리를 초대해 주셨다.

약속된 시간에 식당에 가보니 상다리가 부러지게 차려놓은 음식상은 개척한 후로는 처음 보는 광경인지라 너무나 감격스러웠다. 나는 깜짝 놀라며 웬 음식을 이렇게도 많이 준비하셨냐고 물었더니 "목사님, 사모님 고생하시는데 이런 날이라도 잘 대접해드려야죠" 하는 것이었다.

그들의 따뜻한 성품을 보아 예수만 믿으면 신앙생활을 잘할 것 같아서 "교회 좀 나오세요" 했더니 그분들은 선뜻 "가야지요" 하였다. 그날 우리 다섯 사람은 모처럼 맛있고 푸짐한 음식을 즐겁고 감사한 마음으로 먹고 집으로 돌아왔고, 나는 그날 밤부터 그분들 내외 채규형, 최진해 씨를 위해 기도하기 시작했다.

그로부터 1년 후 그분들 내외는 우리 교회 교인이 되었고, 최진해 씨(현재 집사님)는 교회에 출석한 지 6개월 만에 6가지 질병이 치료되었다. 우리가 그 교회를 떠날 때까지 최진해 씨는 10년 이상을 사택에 온갖 종류의 김치를 담가 채규형 집사님의 오토바이로 철마다 날라주셨으며, 저혈압으로 고생하고 있던 나에게 10년을 하루같이 매달 식당에 불러서 고기를 대접해주셨고, 매년 봄가을이면 어김없이 인삼을 한 소쿠리씩 사다 주었던 어머니 같은 집사님이셨다.

뿐만 아니라 채규형 집사님은 비씨카드, 농협카드를 내어주며 우리 교인들이 목사님, 사모님께만 짐 지우고 십자가를 같이 못 져서 죄송하다며 끝까지 우리를 도와주셨다. 옥천교회에서 3,000번제를 마친 사람도 최진해 집사님뿐이었다.

그러다가 남편과 내가 1995년 신곡기도원에서 함께 한 주씩 집회를 인도하게 됐을 때, 그분들의 아들 채준석 군이 이태리에 유학한 지 8년째 되었는데 결혼문제로 고민하던 중 약간의 우울증이 있다면서 내가 인도하던 주간에 기도를 받게 하려고 한국으로 불러 들였다.

예배를 마친 후 그 아들 준석 군과 대화를 나누는 가운데 장인이 되실 분은 치과 의사였고, 장모가 되실 분은 시인이었는데 식당을 경영하고 있던 가난한 집사님 댁과의 결혼을 8년 동안 반대하고 계셨던 것을 알게 되었다. 그때 내가 이것저것을 물어보고 있는 중에 준석 군은 장인 되실 분이 지금 7억을 증권에 투자했다며 그 당시 주당 50,000원짜리 증권이라는 것이었다.

그때도 역시 내 머릿속을 스쳐가는 생각을 따라 "지금 즉시 전화해서 모두 파시라고 해라" 하며 금년 말까지 두면 크게 손해 볼 것이라고 말했다. 다행히 내 말을 듣고 준석 군의 장인은 증권을 팔아 손해를 보지 않았지만, 1995년 그해 말 그 증권은 주당 12,000원 짜리가 되었다면서 우울증도 치료받고, 그 일로 인해서 결혼도 허락받아 지금은 이태리 밀라노에서 장인이 사준 아름다운 집에서 행복한 결혼생활을 하고 있다.

"믿음이 없이는 하나님을 기쁘시게 하지 못하나니 하나님께 나아가는 자는 반드시 그가 계신 것과 또한 그가 자기를 찾는 자들에게 상 주시는 이심을 믿어야 할지니라"(히 11:6).

동생의 평생 직장을 위한 40일 작정기도

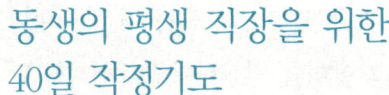

1985년 후반, 우리 집에는 막 군대를 제대하고 작은아버지를 따라 토목공사를 따라 다녔던 남동생(박현웅)이 있었다. 그렇게 공사판에 따라 다니다가는 신앙생활도 제대로 못하고 그러다 보면 어떤 여자애가 시집이나 오겠나 싶어서 놀더라도 누나 집에 와서 있으라고 불러다가 우리와 함께 살고 있었다.

하루는 동생을 앞혀 놓고 "누나가 너를 위해 앞으로 40일 동안 작정기도를 할 것인데 그 40일 안에 하나님께서 너에게 좋은 직장을 주실 것이니 직장이 생기거든 너는 평생 신앙생활을 잘 해야 한다"라고 말했다. 그때 기도를 시작한다는 말을 들은 우리 교회 유재순 집사님이 "사모님, 그러면 저도 같이 40일을 작정기도 하겠습니다" 하여 우리는 매일 밤마다 모여 기도하기 시작했다.

그렇게 기도하기 시작한 지 25일쯤 되었을 때 선교원을 퇴근하면서 선생님이 일지보고를 하기 위해 사택에 들렀는데 자세히 읽어보니 그날 세 살짜리 꼬마가 선교원에 들어왔고 그의 가족사항을 살펴

보니 그 아빠의 직장이 도로공사 과장이었다. 그 순간 나는 하나님께서 동생에게 직장을 주시려고 그 아이를 선교원에 보내셨다고 확실히 믿고 세 살짜리를 데리러 올 때까지 그의 어머니를 기다리고 있다가 그의 어머니 한경희 집사님을 만났다.

인사를 드렸더니 나에게 하는 말이, 장로교 큰 교회에 등록을 했었는데 침례교회가 너무 오고 싶어서 할 수 없이 세 살짜리 아이를 선교원에 보낸다는 핑계로 왔다면서 이번 주일부터 우리 교회에 나오겠다고 하였다.

그 말을 듣고 있던 나는 '그것도 감사하지만 내일 당장 당신의 남편을 만나게 해달라'고 부탁했다. 그러면서 '사실은 내가 동생의 직장 문제를 놓고 40일을 기도하는 중이었는데 하나님께서 동생의 직장을 위해 당신들을 우리 교회로 보내신 줄로 믿는다'고 말했더니 한경희 집사님이 웃으면서 내게 "사모님은 참 성질도 급하시네요" 하고 집으로 돌아갔다. 그러고는 이튿날 아이를 데리고 선교원에 찾아와서는 "사모님! 동생 이력서 한 통 써가지고 며칠 후에 오시래요" 하는 것이었다. 그러면서 "대형면허를 가진 사람을 찾고 있으니 빨리 대형면허를 따놓는 것이 좋을 것 같아요" 하고 돌아갔다.

그 말을 들은 남편은 그때 자기 사례비가 한 달에 10만 원밖에 안 될 때였지만 처남의 장래를 생각하고 빌려서라도 운전 학원을 보내라고 해서 학원비 20만 원을 마련하여 면허를 따게 하고, 남동생은 도로공사 임시 직원이 되었다. 그 뒤로도 비록 임시직이었지만 우리 교회 교인 4명이나 더 취직을 하게 되었고, 그후 3명은 정식 직원이 되었으며, 남동생은 현재 휴게영업소 사장으로까지 승진하여 잘 지내고 있다.

천재가 여기 있었네요

어느 날 심방을 마치고 돌아온 나는 처음 선교원을 시작할 때 원장님으로 수고하셨던 박 집사님의 손에 끌려 예배당으로 들어갔다. 그런데 갑자기 박 집사님이 피아노를 배운 적도 없는 우리 큰딸 나라에게 "너 아까 쳤던 곳을 한 번 더 쳐봐" 하는 것이었다.

혹시 나 없는 사이에 박 집사님이 딸아이에게 피아노를 가르쳤는가 생각했는데 곧이어 우리 딸 나라가 제대로 된 한 곡을 연주하고 나니 박 집사님 하는 말이, "사모님! 천재가 여기 있었네요" 하는 것이었다.

그러면서 자세히 설명을 해주시는데, 그때 박 집사님은 선교원이 끝나면 아이들에게 피아노 레슨을 하고 있었는데 그때마다 일곱 살이었던 우리 나라가 매일 옆에서 피아노 치는 것을 지켜보더니 하루에 한 소절씩 교회에 가서 연습을 하고, 마침내 일주일이 지나자 제대로 된 한 곡을 연주해내더라는 것이었다.

그러면서 나에게 하는 말이 왜 이런 천재를 두고 피아노를 안 가르치느냐고 했지만 예배당 건축 후 모든 짐을 홀로 지고 가던 힘든 시기였기에 아이들 과외나 학원을 보낼 엄두도 못 냈고, 악기 레슨은 꿈도 꾸지 못할 때였다.

그래도 감사한 것은 공평하신 하나님께서 나라에게 지혜를 주셔서 혼자 힘으로 고등학교 때까지 반장을 지내면서 1~2등을 하고, 전교 5등 안에 들어가는 영광을 누리게 하셨다. 나는 목회를 잘 하지도 못했으면서 우리 아이들까지 희생시킨 것을 생각하면 지금도 무척 마음이 아프다.

그러기에 밤마다 새벽마다 기도할 때면 나는 아버지의 일이 먼저이니 내 아이들의 일은 하나님께서 책임져주시라고, 그리고 공급자, 후원자 되시고 인도자, 스승이 되셔서 저들의 앞길을 책임져 달라고 눈물로 기도했다.

아이들이 어릴 적부터 가정 예배를 통해 각자가 돌아가며 설교를 하게 했던 것은 잘했던 일 같으나 그것 외에는 아이들의 사춘기가 언제였는지도 모르고, 졸업식이나 아이들이 손꼽아 기다리던 소풍 가는 날에도 나 대신에 우리 교회 권사님을 따라 보냈으며 비가 오는 날에도 아이들 마중을 가본 적이 없다. 그런데도 아이들이 착하고 예쁘게 잘 자라 준 것은 하나님의 은혜임이 틀림없다고 확신한다.

잃었다가 찾은 아들

캐나다에 와서 보니 가장 큰 명절이 부활절, 추수감사절, 크리스마스인데, 그에 비해 한국은 설날과 추석이 대표적인 명절이다. 어느 해 추석 명절에 충남 공주가 시댁이고 친정이었던 우리는 시댁에 들렀다가 차로 한 30분을 더 가 친정집에 들러 옥천으로 가기 위해 공주 시외버스 주차장에서 대전 가는 버스를 기다리고 있었다.

남편은 큰딸 나라의 손을 잡고 이것저것 친정에서 싸준 것들을 들고 있었고, 나는 막내딸 소라를 업고 아들 요한이 손을 잡고 버스를 타려고 줄을 서있었다. 어깨에 메고 있던 짐이 내려오는 듯하여 요한이 손을 잠시 놓고 짐을 끌어 올린 후에 다시 요한이의 손을 잡으려고 하니 아들이 순식간에 보이지 않는 것이었다.

재빨리 남편이 이리저리 찾으러 뛰어다녀 보았지만 순간적으로 없어진 아들은 끝내 보이지 않았다. 당황하고 놀란 나는 우두커니 서서 눈물만 흘리고 있었으나 그래도 남편은 침착하게 근방 파출소에 신고를 하고 공주에서 출발한 버스가 쉬어 가는 각 검문소마다 검문을 요청해 놓았다.

그리고 나는 대전, 청주, 서울 친척들에게 전화를 해서 공주에서 출발한 버스가 제일 먼저 도착하는 정류장에서 기다렸다가 버스마다 다 뒤져서 요한이를 찾아 달라고 부탁하였다. 그러고는 더 이상 할 수 있는 것이 없다고 생각하여 여행사 사무실에 앉아서 울고 있었다. 만약 거지가 데려가면 거지가 될 것이고, 깡패가 데려가면 깡패가 될 것이라고 생각하니 예측할 수 없는 아들의 운명 때문에 앞이 캄캄하고 뼈가 녹아내리는 것만 같았다.

그때 내가 할 수 있는 것은 기도뿐이라서 하나님께 내가 무엇을 잘못했는지를 물었을 때, 한 가지 내 마음을 스쳐가는 것이 있었다. 아들이 뱃속에 있을 때부터 "아들을 주시면 3대 목사로 대를 이어가게 하겠습니다"라고 기도하고선, 개척을 하고 너무나 고생을 하다 보니 의사 만들어 돈 많이 벌어 물질로 봉사하는 것도 괜찮을 것 같다는 생각을 하고 있던 내 자신을 보게 되었다.

그때 하나님께 용서를 구하면서, 없어진 내 아들은 내 아들이 아니니 찾아만 주시면 주님 뜻대로 쓰시도록 하나님께 드리겠다고 기도했다. 그 순간 '대전으로 전화를 해봐라' 하는 생각이 들어 대전에 살고 있던 사촌동생 임차희(현재 전도사)에게 전화를 했더니 "언니! 빨리 오세요! 두 번째 버스 안에서 50대 아줌마가 안고 가는 요한이를 찾았어요!" 하는 것이었다.

너무나 기쁜 우리는 버스를 타고 갈 만큼 마음의 여유가 생기지 않아 1인당 1,000원짜리 합승 택시를 타고 아들이 있는 곳으로 달려갔다. 그때 남편이 나에게 "어떤 교수님이 아들을 한번 잃어버렸다 찾아야 제대로 된 목사가 될 수 있다더니 그게 무슨 뜻인지 이제는 알겠구만" 하는 것이었다.

아들이 3학년이 되었을 때, 장영순 목사님을 모시고 부흥회를 개최했다. 소원 예물을 드리라는 부흥 강사의 요구에 따라 아들은 정성껏 헌금을 넣은 봉투에 "하나님! 나를 훌륭한 목사로 만들어 주시면 내 아들도 목사로 드리겠습니다"라고 그때 3대 목사를 약속하기도 했었다. 나는 내심 얼마나 뿌듯했는지 모른다.

우리 아들은 어렸을 적에 무척이나 개구쟁이였다. 언젠가는 아들이 보이지 않아 이리저리 찾아보니 강아지 집에 들어가서 자기 어릴 적 이불을 깔고 덥고 강아지와 함께 잠을 자고 있었다. 또 어느 날에는 심방을 다녀왔더니 뒷집에 사셨던 권사님이 나에게 요한이 좀 때려주라고 하시기에 알아보니 양계장을 하고 있던 교인 집에서 가져온 특란 세 판을 진호와 함께 뒷문을 열고 담벼락에 내던져 바닥이 흥건해져 있었던 것이다.

그때 계란판을 들여다보니 남은 것이라고는 3개뿐이었는데, 세 개 남은 계란을 나도 마저 집어 벽에다 던져 보았다. 그리고 아들에게 "요한아! 재미있었니?"라고 물었더니, 혼이 날 줄 알고 잔뜩 긴장했던 아들은 "응!" 하면서 행복한 미소를 지었다. 그제서야 아들에게 "네가 재미있게 던진 대신에 우리 식구가 먹을 게 없구나"라고 말하자, 아들은 무엇인가를 깊이 생각하는 것 같았다.

아들이 커서 중학생이 되었고, 그때 우리 교회는 음악전도사를 두어 중고등부 학생에게는 기타나 드럼을 무료로 가르쳐 주었었다. 다른 학생들이 많다 보니 항상 우리 아들은 배울 수 있는 순서가 오지 않았다. 아빠는 늘 학생부 회장 자리나 악기를 배울 순서는 다른 학생에게 먼저 양보하라고 하시니 아들은 하는 수 없이 드럼을 배우지 못하고 다른 학생들이 배울 때에 옆에서 무릎으로 연습하며 독학을 했다고 한다.

그런 아들이 고1 때 캐나다에 와서 지금까지 15년이 되도록 혼자 벌어서 공부하여 지금 우리 교회 1부 영어예배 전도사로 3대 목사의 길을 묵묵히 걸어가고 있다.

풍요로운 세상보다 고난 있는 사역의 길의 가치를 보배로 여길 수 있는 믿음 있는 좋은 사람 만나 결혼하고, 대만 이어가는 목사가 아니라 하나님이 기뻐하시는 거룩하고 능력 있는 일꾼이 되어서 할아버지 목사님보다 아버지 목사님보다 더 크게 쓰임 받기를 기도하고 있다.

나도 최우수상 탈 수 있었는데

우리 아이들은 어릴 적부터 학원이나 과외 공부를 시켜본 적이 없었다. 큰딸은 딱 1년 피아노 레슨을 받았고 작은딸 소라는 차일피일 미루고 있었는데 마침 교회 청년 박범례 양이 피아노 학원을 시작하며 소라를 맡아준다 하여 바이엘을 시작했다. 그런데 한 달 반쯤 되었을 때, 박범례 양이 나에게 소라를 피아노 대회에 내보낸다고 하는 것이었다.

아니, 피아노 배운 지 한 달밖에 안 된 아이를 어떻게 대회에 보내냐고 물었더니, 1년이 지난 아이가 대회 연습하는 것을 소라가 옆에서 지켜보고 있다가 듣고 치는데 그 아이들보다 더 잘 친다는 것이었다.

그래서 작은딸은 피아노를 배운 지 3개월 만에 자유곡 한 곡을 집중 연습하여 제20회 전국 악기 경연대회에 나가 우수상을 받았다. 지정곡을 연주할 수 없어 최우수상을 놓친 아쉬움을 참지 못해 내 가슴에 고개를 파묻고 울면서 하는 말이, "엄마! 나도 1년만 연습했으면 최우수상 탈 수 있었는데……" 하는 것이었다. 그때 내 마음이 얼마나 아팠던지 지금 생각해도 가슴이 저려온다.

그러다가 1998년 캐나다 한인침례교회의 초청으로 목회지를 옮긴 후 토론토에 와보니 그때만 해도 침례교회가 7개가 있었는데, 목회자끼리도 서먹서먹한 것 같아 연합과 부흥을 위해 캘거리 윤지원 목사님을 초청하여 침례교 연합 집회를 하게 되었다. 악기라고는 피아노 한 대뿐인지라 큰딸은 피아노를 치고, 아들은 드럼을 렌트해서 치기로 했는데, 그때 막내딸 소라는 학교에서 클라리넷을 빌려다가 일주일간 연습하더니 부흥회를 시작하자 오빠 옆에 나란히 앉아 클라리넷을 연주해 냈다.

그때 이후 막내 소라는 이것저것 혼자 연습해서, 피아노, 기타, 드럼, 클라리넷, 플루트 등을 연주하며 작곡, 작사 등 음악에 많은 재능을 발휘하며 고등학교를 졸업할 때 전교에서 1명이 타는 뮤직 스페셜 상을 타 학교 돌비에 윤소라의 이름이 새겨지기도 했다. 어릴 적 한국에서는 극동방송 전속 어린이 합창단이기도 했는데, 캐나다 크리스천 밴드에서도 플루트를 연주했다.

그때 동생은 말하기를, 다른 아이들은 몇 년 동안 악기를 가르쳐도 반주를 못하는데 언니네 아이들은 돈 안 들여도 모두 교회에서 한몫을 해내고 있으니 정말 하나님은 공평하시다고 하였다.

8부

가장 고통스러울 때가
가장 은혜 받을 때

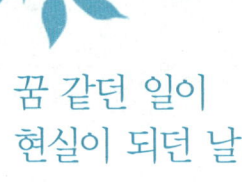

꿈 같던 일이
현실이 되던 날

다비다회(대구, 경산 초교파 모임)는 1980년대에 처음 시작되었으며 주로 매달 경산에서 모였다. 내가 처음 인삼을 팔러 갔다가 만났던 곽은애 권사를 중심으로 해서 아예 3층에 20평 되는 조립식 건물을 지어 다비다회 아지트로 사용했으며, 또한 곽 권사는 차도협회 회장을 지내며 이곳을 차 마시는 손님들의 사랑방으로 늘 열어 두었다.

우리는 가끔 동산 기도원을 빌려서 집회를 하기도 했고 주암산 기도원에서 밤새 철야를 하기도 했다. 그때마다 항상 내가 주강사로 함께 하곤 하다가 1989년에는 회원들 10여 명이 옥천수양관에 모여 2박 3일 동안 수련회를 가졌다. 낮에는 금천리 맑은 계곡에 발을 담그며 모처럼의 휴식도 가져보고 밤에는 집회를 하며 은혜를 나누다가 수련회 마지막 날 새벽에는 한 사람씩 축복하며 기도한 후에 우리 집에서 아침식사를 마친 후 곧 경산, 대구로 떠나게 되어 있었다.

막 식사를 하려는데 그 해에 다비다회에 처음으로 들어왔다는 이선희 권사님이 나에게 식사 끝나고 특별상담을 하고 싶다고 했다. 우리는 모두 맛있게 식사를 마치고 나서 남편의 서재로 들어갔다. 이 권사님이 내게 물었다.

"오늘 새벽 저를 위해 기도해주실 때 꿈 같은 일이 현실이 되는 날이 올 것이라고 하셨는데 그게 무슨 뜻입니까?"

내가 "집사님 꿈이 무엇입니까?"라고 묻자 "저는 미용실을 운영하는 미용사입니다. 그런데 현재 2,000만 원 보증금에 월 50만 원을 내고 있는데 집주인은 단골이 잡힐 만하면 이사를 가라 하며 돈을 올려달라고 하니 이제는 더 이상 이사 다니지 않고 내 건물에서 미용실을 경영하는 것이 저의 꿈입니다"라고 했다.

나는 그 꿈이 현실이 될 수 있다면 얼마나 좋겠냐고 하면서 그 꿈을 붙잡고 기도하라고 말했다. 그때 이선희 집사는 만약에 빌딩을 짓게 되면 윤 목사님께 승용차를 사 드리겠다고 약속했다. 그리고 자신이 경산에 가면 즉시 80만 원을 송금할 테니 금천리 포도밭을 계약해서 사모님의 꿈이었던 기도원을 하라고 했다.

이선희 집사는 바로 80만 원을 송금했고, 수련회를 마치고 돌아간 다비다 회원들이 170만 원, 김재수 장로님과 박재자 권사님이 400만 원, 친정 동생들과 친정 막내 고모님이 보내주신 200만 원으로 포도밭 380평과 국유지 500평 등을 구입하여 기도원의 꿈을 키우게 되었다. 그곳은 전국에서 두 군데밖에 남아 있지 않은 살아 있는 계곡이었기 때문에 물맛이 매우 좋고, 계곡에 이끼가 없고 수정같이 맑은 물이 흐르는 곳이었다.

땅을 구입한 후 어느 날 꿈을 꾸었는데 그 동네에 2차선 도로가 포장되고 도로 길가에는 누렇게 익은 벼 이삭이 황금물결을 이루고 있었다. 꿈에서 깬 나는 남편에게 "여보! 기도원 땅 들어가는 길에 2차선 도로가 포장될 것 같아요"라고 하자, 남편은 "지금까지 당신이 헛소리하는 것을 본 적은 없었지만 정부가 돈이 많은 것도 아닌데 30호밖에 안 되는 마을에 어떻게 2차선을 만들겠소"라고 하였다.

그리고 보름쯤 지나서 포도나무를 보려고 그곳에 갔더니 마을 입구에 들어서자 양쪽에 빨간 깃대가 꽂혀 있었다. 궁금한 나머지 이장님을 만나자마자 물었더니 정부에서 이곳을 옥천군 휴양림으로 개발하여 관광지로 만들 계획을 추진 중에 있으며 수영장도 만들고 대전으로 직접 갈 수 있는 2차선 도로도 뚫린다는 것이었다.

나는 그 후로도 매월 경산에 갔고, 이선희 집사님은 그 후에도 1990년 남편의 성지 순례를 위해 300만 원을 보내 주었다. 하루는 이 집사님에게 내가 어떻게 보답하면 좋겠냐고 물었더니, "사모님! 어차피 경산에 매월 집회하러 오시니 오전에 일찍 미용실에서 예배를 드렸으면 좋겠어요" 하기에 오전에는 미용실에서 예배를 드리고 저녁에는 다비다회 모임을 갖게 되었다.

그렇게 6개월쯤 지났을 때 이 집사님은 나에게 진량이라는 곳에 땅이 나왔는데, 집과 논밭이 있는 1,200평짜리 땅을 사는 것이 어떻겠냐고 물었다. 그때 나는 무조건 살 수 있는 만큼 사놓으면 그것이 당신이 빌딩을 가질 수 있는 근거가 될 것이라고 했다. 이 집사님은 내 말을 믿고 그 땅을 샀고, 그 땅은 자고 나면 오르고, 또 자고 나면 올라 평당 6만 원에 산 땅이 몇 년 후에 100만 원까지 올라갔다.

그러던 얼마 후에 이 집사님의 시어머니 권사님이 아들 셋을 불러놓고, 당신이 사시던 집을 팔아 아들들에게 각각 1억씩 나누어주고 싶다며 가족회의를 열었다기에, 나는 이 집사님에게 그 땅을 당신이 붙잡으라고 했다. 그곳에 빌딩을 짓고, 1층은 스포츠 용품 가게, 2층은 미용학원, 3층은 세를 놓고 4층에 살림집을 꾸미라고 했다. 그 대신 집을 짓기 전에 반드시 등기를 당신 앞으로 옮겨 놓고 두 형님들에게 1억씩을 드려야 하니 진량 땅을 담보로 내놓고 공사에 들어가라고 했다.

그렇게 모든 일이 잘 되어서 이 집사님은 결국 4층 빌딩의 안주인이 되었고, 입주를 끝내고 보니 그 건물은 14억짜리 빌딩이 되었다. 내가 말한 미용학원은 사람들이 어찌나 몰려 왔든지, 당시 이 집사님이 경영하던 미용실보다 더 많은 돈을 벌었다고 하였다. 그 빌딩에 입주하면서 이 집사님은 나에게 입주예배를 드려달라고 하였고, 우리 지교회 목사님 두 가정이 함께 가서 입주예배를 드릴 때에 이 집사님은 내가 입주예배를 박난응 사모님에게 부탁드린 것은 이 빌딩이 사모님의 작품이기 때문이라고 말했다.

나는 그날 설교를 통해서 불과 2-3년 사이에 꿈 같은 일을 현실로 나타내신 주님께 감사하며 이전보다 더 겸손히 주님을 사랑하고 섬긴다면 이 14억 재산은 축복의 시작이 될 것이고, 만약 주님을 멀리하고 혹이라도 교만하면 이 재산은 마지막 재산이 될 수도 있다는 성경 말씀으로 신앙의 경각심을 일깨웠다.

지붕 위를 날아다니더니

　　1985년 당뇨, 신장, 간 합병증으로 사형선고를 받았던 한정섭 씨가 하나님의 은혜와 능력으로 깨끗이 치료를 받게 되자 같은 아파트에 살고 있었던 황 소장이란 분이 아들과 함께 우리 교회에 찾아와서 교인이 되었다. 그때 그 아들은 정신적으로 문제가 있어서 항상 여름에도 손가락이 보이는 검은 가죽장갑을 끼고 다니며, 어떤 때는 지붕 위를 건너다니며 불온한 행동을 보였다. 그러니 자연히 그의 어머니는 열심히 새벽기도를 다니면서 예쁘게 신앙생활을 하다가 몇 년 후에 집사가 되었고, 우리는 그 아들을 위해서 매일 저녁 기도모임을 갖게 되었다.

　　어느 날 꿈을 꾸었는데 그 아들이 노란색 여자 팬티를 입고 있었다. 나는 꿈 속에서도 너무 놀랐다. 사탄이 얼마나 강하게 역사하는지 하나님께 물리칠 수 있는 힘을 달라고 기도했다. 그때 누군가가 내 오른손 장지손가락에 1캐럿이 넘는 다이아몬드 반지를 끼워 주면서 "오른손을 들라"라고 말했다. 들리는 대로 오른손을 들자 다이아몬드 반지에서 찬란한 빛이 나와 그 아들의 얼굴과 몸을 감쌌고 동시에 그에게 역사하던 강력한 사탄의 세력은 힘을 잃고 쓰러졌다.

그날 새벽 예배를 마치고 황 집사님에게 꿈 이야기를 했더니 황 집사님은 소스라치게 놀라면서 자신의 아들이 노란색 여자 팬티를 입고 다니는 것을 어떻게 알았느냐고 물었다. 그 아들이 지붕 위를 건너다니는 이유가 옥상에 널어놓은 여자 팬티를 훔치러 다니기 위해서라는 것이었다.

그 후에도 교인 모두는 그를 위해 열심히 기도했고 하나님은 우리의 기도를 들어주셔서 그는 깨끗이 치료받아 새 사람이 되었고, 후에 하나님을 위해 여생을 살고 싶다며 신학교에 들어갔다.

"믿음의 기도는 병든 자를 구원하리니 주께서 그를 일으키시리라 혹시 죄를 범하였을지라도 사하심을 받으리라 그러므로 너희 죄를 서로 고백하며 병이 낫기를 위하여 서로 기도하라 의인의 간구는 역사하는 힘이 크니라"(약 5:15-16).

약속을 붙들어라

교회 빚이라 했던 처음 예배당 건축비와 개인 빚이라 했던 건축비가 두 군데서 늘어나자 7년 후인 1990년 8월에는 빚이 1억이 넘어가기 시작했다. 아무리 기도해도 빚은 줄어들지 않아 이자를 중단하려 했으나 처음부터 이자를 주기로 하고 빌렸기 때문에 이자를 내지 않으면 약속을 어긴 사람이 되는 것이기에 언젠가는 빚을 다 갚는 날이 올 것이라고 믿고 계속 이자를 주면서 그렇게 9년을 기다렸다.

그러나 계속해서 늘어나기만 하는 빚을 생각하니 이러다가 목회를 못하는 것이 아닌가 하는 별의별 생각이 머릿속을 스쳐갔다. 기도할 때는 확신이 생기다가도 자고 나면 또 이자를 주어야 하니 그 고통을 겪어보지 않은 사람은 이해는커녕 상상도 못할 일이다.

지금껏 기도하면 병자들이 치료되고, 가난한 사람도 나와 상담하고 기도하다 보면 모두 부자가 되고, 작정하고 기도만 하면 좋은 직장이 생기는 등 갖가지 문제들이 해결되었는데, 왜 이 빚은 줄어들지 않는 것인지…….

더 이상 돈을 빌려 이자를 갚는 일도 한계에 달했다. 지긋지긋한 빚 문제를 해결할 수 없다면 차라리 나 한 사람 죽고 다른 가족들을 살리는 것이 나을 것 같다는 생각이 들었다. 그래서 한 달에 만 원씩 납입하고 6개월 후에 죽으면 1억이 나온다기에 용기를 내서 처음으로 생명보험에 가입했다. 그리고 매년 45인승 버스를 빌려 동해안 일대를 돌면서 청년부 수련회를 가졌기에 그 때를 내가 죽는 날로 정해 놓았다.

그러다 1990년 8월 청년회 수련회를 포항으로 결정하고 해마다 나도 특강을 한 시간씩을 맡았기에 청년들과 청년부 전도사였던 임함남(현재 목사) 부부, 그리고 우리 부부 약 30여 명이 버스를 빌려 포항에 도착했다.

둘째날 오후에 바닷가에서 청년들과 물놀이를 할 때 나는 바다 가운데로 걸어 들어가려고 했다. 그런데 발이 떨어지지 않았다. 그 각오와 결심은 어디로 간 것인지……. 나는 마음대로 죽을 수도 없다는 것을 깨달았다. 이제 세상에서 내가 할 수 있는 일은 아무것도 없다고 생각하니 절망과 낙심으로 인해 일주일 동안 기진맥진하여 일어나지도 못하고 누워 있었다.

그런데 어느 날 홀연히 천장보다 더 높은 곳에서부터 강한 회오리 바람과 함께 "약속을 붙잡아라" 하는 소리가 내 가슴을 파고 들어왔다. 그 소리가 들려오는 동시에 손끝과 발끝에서부터 힘이 생기기 시작했고 정신을 차리게 되었다. 자리에서 일어나 다시 기도하기 위해 1층 교육관으로 걸어가서 그동안 하나님이 내게 주신 말씀들을 붙잡고 다시 힘을 얻어 기도하기 시작했다.

난웅아! 내가 어떻게 하면 네가 기도에 전념할 수 있겠니?

수원에서 정부 목장 쪽으로 조금 들어가다 보면 수영리라는 마을에 자그마한 수영감리교회가 있다. 그곳은 나와 가장 친했던 채옥림 권사의 남편 이수종 장로님의 고향이다. 그들의 초청으로 수영감리교회 헌신예배 강사로 두 번이나 간 적이 있다.

그 교회에는 정신 이상으로 고생하고 있는 김영희 집사님이 계셨다. 그의 사촌동서였던 채옥림 권사는 나에게 전화를 해서 본인의 교회에서는 정신병원에 입원시키라 했지만 그를 옥천교회로 데려다가 치료해 줄 수 있겠냐고 물어왔다.

그때 나는 두 가지 제안을 했다. 첫째는 무조건 보호자가 따라와야 하고, 둘째는 채옥림 권사가 함께 와서 같이 기도할 수 있느냐는 것이었다. 채 권사는 1개월간 서울에서 옥천을 출퇴근하기로 하고 김영희 집사의 남편을 데리고 옥천으로 왔다.

그러던 어느 날 김영희 집사가 갑자기 사라졌다. 남편과 나는 차를 타고 시내를 다 찾아보았으나 찾을 길이 없었는데 우리 집 앞 슈퍼마켓에서 돈을 빌려서 수원에 있는 자기 집으로 간 것이었다. 남편과 나는 채 권사와 함께 밤 10시에 수원으로 달려가서 김 집사를 찾아 다시 옥천으로 오는데 달리는 차 안에서 뛰어내리려 하여 간신히 채 권사와 내가 양 옆에서 그를 붙잡고 집으로 돌아왔다.

그뿐 아니라 걸핏하면 2층에서 뛰어내리려 하고 순식간에 사라져서 찾아보면 아파트 28층 꼭대기에서 뛰어내리려 하니 잠시도 그에게서 눈을 뗄 수가 없었다.

우리는 하루에 세 번씩 예배를 드렸고 나머지 시간은 이자를 챙기기 위해 은행일과 다른 일들로 무척이나 분주했는데, 그런 나를 지켜보던 채 권사가 자신이 어떻게 하면 내가 기도에 전념할 수 있겠느냐고 물었다. 나는 기도원 사역을 하려고 준비했던 포도밭이라도 팔아서 빚을 갚아야 할 것 같다고 말했더니 채 권사는 나와 김 집사를 위해 그 포도밭을 사겠다고 하였다. 나는 그 포도밭을 팔아 임시로 급한 불을 끄고 다시 기도에 전념하였다.

그때 김 집사는 예배를 드리다가 "이년아, 빨리 보따리 싸 가지고 나가자. 더 이상은 무서워서 못 견디겠다"라고 했다가 다시 "아이고, 이만한 데가 어디 있어서 나가냐, 버틸 수 있는 만큼 버텨봐야지" 하며 두 사람의 대화를 혼자서 하기도 하였다.

그렇게 하루에 세 번씩 예배를 드릴 때마다 우리는 김 집사를 괴롭히던 못된 귀신을 예수의 이름으로 쫓았고, 하나님의 은혜와 능력으로 그는 정신이 온전케 되어 가정으로 돌아갔다(눅 8:30).

이렇게 한 영혼이 온전하게 되기까지 수많은 사람들의 희생과 사랑이 있었던 것을 김 집사는 잊지 말아야 할 것이다. 옥천에서 서울을 한 달간 출퇴근하며 기도했던 채 권사의 수고와 희생, 국화도 섬에서 일주일에 한 번씩 다녀갔던 김영희 집사의 시동생, 이수기 목사님과 하루에 세 번씩 예배와 기도를 위해 교회에 모였던 집사님들과 청년들의 수고가 하늘에서 찬란하게 해같이 빛날 것이다.

그리고 나는 그때 그 희생의 기도를 통해서 "기도는 반드시 응답과 보상이 있다"라는 기도에 대한 나의 철학 12번째를 만들게 되었다.

하루는 우리 교회 교육전도사로 있었던 최기승 전도사가 우리 교회 청년이었던 박범숙 양과 결혼식을 마친 후 강원도 삼척으로 탄광선교를 가게 되었다면서 인사차 우리 집에 들렀다. 그때 남편이 부르는 소리를 듣고 찻잔을 들고 서재에 들어갔더니 최기승 전도사는 나에게도 탄광선교지에 대한 설명을 하기 시작했다. 탄광선교회에서 건물도 얻어주고 매월 생활비도 60만 원씩 책임지기로 했다며 매우 흐뭇한 표정으로 설명을 하는데, 나도 모르게 "전도사님! 그 계획이 깨집니다. 그리고 전도사님 개척지는 영동이에요"라고 하였다.

남편은 일주일 뒤에 이사 가는 사람에게 지금 무슨 소리를 하는 거냐고 했지만 얼마 후에 강원도 탄광촌 개척 계획은 백지화되었다. 그 뒤로 여의도침례교회에서 영동에 개척하는 사람에게는 일대일 보조로 1,000만 원을 지원해 준다는 조건에 최기승 전도사가 지원을 하였다. 최 전도사는 여의도 침례교회의 도움으로 영동침례교회를 개척하여 영동에 예배당을 짓고 목사 안수를 받은 후 현재까지 그곳에서 목회를 하고 있다.

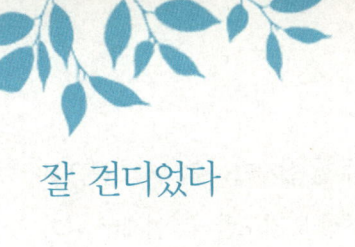

잘 견디었다

　어느 때에는 기도하다 장이 꼬일 때도 있었고, 어느 때는 손발이 마비가 되어서 차갑게 식어 올라오기도 했지만, 그런 기도의 시간이 없었다면 나는 그 크신 하나님을 경험하지 못했을 것이다.

　1992년 10월 주광석 목사님을 모시고 부흥회를 할 때였는데, 온 성도들이 은혜를 받기 위해 통성으로 기도하고 있었다. 그런데 주님이 내 앞에 서시더니 "잘 견디었다. 그러나 너 혼자가 아니었음을 기억하라. 네가 있는 곳에는 항상 내가 함께 있었고 너의 아픔은 곧 나의 아픔이었다"라고 말씀하셨다.

　그 말씀을 듣는 순간 아픔도 서러움도 원망도 괴로움도 봄눈 녹듯 사라지고 가슴속 깊이 쌓여 있던 염려와 근심, 걱정이 순식간에 무너져내렸다. 세상의 그 어떤 사람의 위로도 사람의 마음속에 쌓인 고통과 괴로움을 한 순간에 없앨 수는 없는데, 생명의 능력이신 주님의 말씀 그 한 마디가 진정한 위로와 능력, 기쁨이 되어 고통으로 인해 일그러졌던 나의 마음과 정신과 인격을 새롭게 한 것이다.

나는 그때 "주님! 어차피 내가 감당해야 할 십자가라면, 더 기쁨으로 잘 감당할 수 있는 힘과 지혜를 주십시오"라고 기도한 후, 언제나 나와 함께 하시는 주님을 만난 기쁨에 담대한 마음이 더욱 새로워졌다.

기환이에게도
살길을 열어주고 죽어야지요

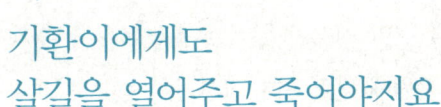

옥천교회에는 얌전하고 교양있는 김병연 집사님이 계셨다. 그분이 처음 교회에 나오셨을 때 많은 경제적 어려움이 있었는데 농촌지도소에서 일하는 남편이 술을 너무 좋아해서 월급으로도 술값이 모자랐다는 것이다. 그래도 김 집사님이 지혜로워서 빚으로라도 자녀들을 교육시켰지만 당시 7000만 원의 빚이 있어 감당하기 힘들 정도가 되자 논이라도 팔아서 갚으려 해도 기차 철로 건너편에 있는 땅이라서 평당 15,000원도 안 주려 하니 이 일을 어떻게 하면 좋겠느냐며 나를 만나 상담을 하게 되었다.

나는 내일부터 나와 같이 40일 새벽작정기도를 하다 보면 15,000원 이상으로도 팔릴 수 있도록 하나님이 응답하실 것이라고 말했다. 이렇게 약속을 하고 김 집사님은 40일을 작정하고 새벽마다 교회에 와서 나와 함께 열심히 기도하였다.

그러다가 어느 날 나도 밀린 이자를 내기 위해 조합에 갔는데 거기서 김병연 집사님을 만났다. 김 집사님은 나를 보더니 내 손을 잡아끌고 밖으로 나가 펄쩍펄쩍 뛰며 기적이 일어났다고 했다. 그렇게도 안 팔리던 땅이 평당 25,000원에 팔렸는데, 집사님이 농사도 계속 지을 수 있는 조건에 팔렸다고 했다. 이렇게 우리는 기도에 응답하시는 살아계신 하나님께 영광을 돌리며 40일 새벽작정기도를 은혜롭게 마쳤다.

"너희가 악한 자라도 좋은 것으로 자식에게 줄 줄 알거든 하물며 하늘에 계신 너희 아버지께서 구하는 자에게 좋은 것으로 주시지 않겠느냐"(마 7:11).

몇 년 후에 김 집사님의 남편 이강균 씨가 술에 취한 채 자전거를 타고 가다가 넘어져 뇌진탕으로 대전병원에 입원했다는 소식을 듣고 남편과 함께 급히 병원으로 달려갔다. 그는 이미 의식 없이 산소호흡기를 꽂고 목에 구멍을 뚫어 호스를 끼워 놓은 상태였다. 조용히 기도를 마치고 병원 문을 막 나서려는데 '만약에 이대로 돌아가시면 지옥 갈 것이 분명한데 저렇게 돌아가시게 할 수는 없다'는 생각이 들었다.

나는 김 집사님에게 병실에서도 열심히 기도하라 부탁하고, 목사님은 교회에서 기도하실 것이고 나는 환평기도원에 올라가 기도하다 토요일에 올 텐데, 내가 내려올 때쯤엔 집사님의 남편이 나를 알아볼 것이라고 말하였다. 그러고는 집으로 돌아와 옷가지를 챙긴 뒤 교회 성탄절 행사도 뒤로하고 눈보라치는 겨울바람을 헤치고 기도원으로 올라갔다.

두터운 겨울옷을 챙겨 입고 기도원 뒷산 배바위—노아의 방주같이 생긴 조금 큰 바위—에 앉았다. 방석을 몇 개나 깔았지만 추위와 찬바람을 이길 수는 없었으며 장갑을 꼈어도 손가락 끝을 망치로 부수는 것처럼 아픈 고통이 느껴졌다. 그러나 한 영혼의 구원을 위해 또 한 가정의 가장을 위해 그리고 4남매의 아버지와 한 여자의 남편을 위해, 나는 사명감과 책임감을 가지고 부르짖었다. 흐르던 눈물은 매섭고 차가운 바람에 내 속눈썹을 얼어붙게 했다.

토요일 아침이 되어 응답과 확신을 가지고 기도원에서 내려와 병원을 찾았다. 그때 이강균 씨는 호스를 뽑고 침대 위에 앉아 있다가 나를 보고 "사모님 오셨어요"라고 말했다. 나는 너무나 기뻐서 모든 영광을 하나님께 올려드렸다.

며칠 후에 퇴원을 해서 심방을 가게 되었는데 마침 김 집사님의 친정어머니가 와 계셨다. 함께 예배를 드려도 되냐고 하시기에 "어서 내려오세요. 오셨으면 당연히 함께 드리셔야지요" 했더니, 여든이 넘은 고령의 나이에도 불구하고 두 손을 모아 고개 숙여 인사하며 이렇게 말씀하셨다.

"목사님! 우리 딸이 침례교회에 나간 것이 얼마나 다행인지 몰라요. 처음에는 나와 같이 성당에 가지 않아 무척 섭섭했었는데, 이번에 사위가 다시 살아난 것을 보고서야 성령의 역사가 많이 나타나는 침례교회로 나간 것이 참으로 다행이라 여겼습니다."

이렇게 김병연 집사님은 우리 교회를 다니며 하나님을 만나고 점점 믿음이 자라면서 하나님의 축복을 경험하게 되면서 하루는 이런 말씀을 하셨다.

"사모님, 이제는 큰아들도 사모님을 통해서 도로공사에 근무하게 되어 아무 걱정이 없는데, 단 한 가지 내가 죽으면 혼자 힘으로 살아갈 수 없는 기환이가 걱정이 되니 우리 기환이에게도 살길을 열어 주고 죽어야지요."

그때가 1992년이었는데, 집사님이 사시던 바로 옆 삼거리 코너에 나온 120평짜리 땅을 사서 1층은 슈퍼마켓을 하고 2층에 살림집을 꾸려주면 가난하더라도 똑똑한 처자와 결혼시켜서 살게 했으면 하셨다. 그런데 집사님 집은 골목 끝이라서 팔리지도 않고 판다 해도 평당 10만 원 정도밖에 못 받을 것인데 사고 싶은 땅은 평당 50만 원을 달라고 하니, 마음만 급하지 어떻게 해야 할지 도무지 길이 보이지 않는다고 했다.

나는 그 일을 위해 기도하며 빨리 가서 그 땅을 깎지도 말고 계약부터 하라고 했다. 그 땅을 계약하고 나니 동네사람들이 몰려와서 평당 5만 원을 깎으려다 놓쳤다며 몇 사람이 섭섭해 하며 돌아갔다는 것이다. 새로 계약한 그 땅은 잔금도 치르기 전에 땅값이 올라 등기를 이전하고 얼마 안 지났을 때는 평당 120만 원짜리 땅이 되었다. 그리고 보니 평당 10만 원 하던 김 집사님 땅도 평당 70만 원짜리가 되어 그 땅도 역시 비싼 땅이 되었던 것이다.

다시 김 집사님을 불러 이제는 건축업자를 찾아보라 하여 70만 원짜리 땅을 담보로 주고 건축을 시작하라고 했다. 그후 김 집사님은 리어카밖에 못 들어갔던 골목길의 땅을 주고 삼거리 코너에 번듯한 붉은 벽돌 2층집의 건물주가 되었다.

그렇게 겸손히 주의 종을 의지하고 순종하며 예쁘게 신앙생활을 하셨던 김 집사님은 모든 일이 은혜롭고 복된 기적을 경험하면서 기쁘게 신앙생활을 하고 있었는데, 1년 후 갑자기 새벽기도를 빠지기 시작했다. 남편과 심방을 가보았더니 병이 나서 자리에 누워 있다가 간신히 일어나서 "사실은 목사님과 사모님께 한 번도 감사의 표시를 못하면서 문제만 생기면 사모님을 찾는 내가 너무 부끄럽고 죄송했어요. 그래서 스스로 해결해 보려 했는데 해결도 못 하고 이렇게 병이 나서 새벽기도를 못 갔습니다" 하는 것이었다.

알고 보니 골목길에 있던 땅을 건축업자에게 넘겨주고 집을 지었지만 그 업자가 등기 이전을 안 해갔기 때문에 집사님이 1가구 2주택이 되어 5000만 원의 추징금이 나왔다는 것이었다. 그 말을 들은 우리는 예배를 마치고 나오면서 "걱정하지 말고 얼른 일어나서 식사하고 힘내세요. 그리고 내일 나와 같이 영동세무서에 가봅시다" 하며 집사님을 안정시킨 후 이튿날 세무서에 찾아갔다.

"만약 당신 어머니에게 이런 일이 생겼어도 똑같이 큰소리를 치며 겁을 줬을까요? 합법적으로 도움을 받을 수 있는 길을 가르쳐 주지 않았겠습니까?"라고 항의했더니 세무서 직원이 "당신은 대체 누구인데 나에게 큰소리를 치느냐"라고 물었다. 나는 이분이 다니는 교회의 사모이며, 목회자는 교인들의 영혼만을 책임지는 것이 아니라 그들의 안정과 행복과 재산도 지켜야 할 책임이 있다고 말했더니, 그 직원은 나에게 자신이 두고 볼 테니 5000만 원을 내지 않고서는 절대로 안 될 거라며 잘해보라고 했다.

나는 반드시 모든 서류를 갖추어 다시 오겠다고 하고는 집으로 돌아와서 김 집사님께 제일 먼저 새 집으로 이사 와서 공공요금을 낸 영수증을 찾고, 둘째로 건축업자에게 팔았던 먼저 살던 집의 계약서를 준비했다. 그리고 마지막으로 진정서를 만들어 이장, 반장 외에 주민들이 인정하는 사인을 받아가지고 다시 세무서에 찾아갔으나, 그때 그 직원은 다른 곳으로 전근을 가고 없었고, 모든 서류를 제출한 김 집사님은 5000만 원이 아닌 500만 원의 과태료를 내고 사건은 마무리되었다.

우리가 이 세상을 살아갈 때도 마찬가지라고 생각한다. 하나님의 말씀에 순종하지 않고서는 살아서 역사하시는 하나님을 우리의 삶 속에서 경험할 수 없고, 한번 경험한 사람은 또 다른 말씀을 경험할 수 있는 힘과 용기를 얻어 어제보다 더 크고 위대하신 하나님을 점점 더 경험할 수 있게 된다. 마치 김 집사님이 점점 더 큰 축복을 경험했던 것처럼 말이다.

김병연 집사님! 그분은 내가 옥천에서 목회했던 16년 동안 나와 함께 기도하며 가장 많이 하나님을 경험했던 분이고 변함없는 미소와 순종으로 목회자를 존경하며 따랐던 분이다. 목회지를 떠난 지 17년이 되었지만 그 어느 누구에게도 전화 한번 하지 않던 나에게 2011년 겨울, 그동안 받은 은혜를 보답하지 못해서 죄송하다며 옥천교회 후임자를 통해 캐나다로 $1,000를 보내 주셔서 큰 도움이 되기도 하였다.

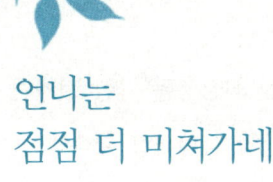

언니는
점점 더 미쳐가네

바로 아래 여동생 신응 집사가 쌍둥이를 낳고 잘 먹지도 못하고 힘들게 3남매를 키우다 보니 1990년 여름에 강남성모병원에서 폐기흉 진단을 받았다. 혹시라도 오진인가 싶어 엑스레이를 세 번이나 찍었지만 결과는 똑같았다. 폐에 500원짜리 동전 크기만한 구멍이 나 있다고 했다.

동생은 처음에는 대수롭지 않게 생각했다. 요즘 같은 세상에 1년만 약 먹으면 치료가 된다는 말에 병원에서 약을 타다 먹었을 뿐 다른 치료도 하지 않았고 나에게도 알리지 않았다. 그러나 약의 부작용으로 인해 도저히 약을 먹을 수 없게 되자 그제서야 연락을 해왔고 약을 중단한 상태로 옥천으로 내려왔다.

나는 동생을 침대에 눕히고 가슴에 손을 얹고 기도했다.

"하나님, 감사합니다. 육신의 질병을 통해서 영적인 질병이 무엇인지를 깨닫게 하시니 감사합니다."

동생은 신학공부를 마쳤으면서도 물질로 봉사한다며 공무원을 만나 결혼해서 간신히 주일 낮 예배만 드리면 신앙생활 다한 것처럼 착각하며 살아온 삶을 철저하게 회개하고 나와 함께 3일 금식에 들어갔다. 당시 나는 몸이 너무 약했었는데 금식 중에 누군가가 내 입에 영양제 일곱 알을 먹여주어서 힘을 얻어 금식을 마쳤다.

금식을 마치고 나서 동생이 깨끗이 치료되었다는 확신이 생겼다. 동생과 나는 옥천 중앙의원에 가서 엑스레이를 찍고 의사를 만났는데 의사가 둘 중 누가 찍었냐고 묻기에 동생이 찍었다고 대답하자, 의사는 아무 이상도 없는데 무엇 때문에 찍었냐고 말했다.

"강남성모병원에서 500원짜리만한 폐기흉 진단을 받았는데 언니와 함께 금식기도를 끝내고 언니가 하나님이 고쳐주셨으니 확인하러 가자고 해서 엑스레이를 찍은 거예요"라는 동생의 말에 의사는 금식 기도 같은 소리는 하지도 말라며 "폐는 잘 먹어야지 치료가 되지, 금식하면 더 나빠집니다"라고 했다. 그러나 우리 자매는 아무 말 없이 "하나님 감사합니다" 하며 그 병원 문을 나섰다. 그후 동생은 새 힘을 얻고 돌아가 신앙생활을 제대로 하기 시작했다.

얼마 후에 사촌동생 박미웅 집사로부터 전화가 걸려오기를, 일주일에 한 번씩 자신의 집에 와서 예배를 드려달라고 하였다. 그때 미웅이는 오류동 집이 팔릴 줄 알고 1년 전에 봉천동 빌라를 분양받았는데 1년 동안 부동산에 집을 내놓아도 한 사람도 보러 오는 사람이 없으니 잔금을 지불해야 봉천동 집에 입주할 수 있을 텐데 오류동 집이 팔릴 기미도 보이지 않으니 보통 걱정이 아니라고 했다.

나는 다시 40일 동안 한 끼 금식을 하며 1주일에 한 번은 서울로 예배를 드리러 가기로 약속하고 급한 나머지 신웅이와 경웅이를 불러 매주 월요일은 오류동 미웅이 집에서 예배를 드리게 됐다. 첫날 모여 예배를 드리고 오랜만에 여자 형제들이 모여 맛있는 음식을 먹고 즐거운 담소를 나눈 뒤에 우리들은 각자 집으로 돌아갔다.

옥천에 도착하자마자 미웅이한테서 전화가 왔다. 내가 예배를 마치고 자기 집에서 나간 뒤에 시어머니께서 꿈을 꿨는데, 검정 치마 흰 저고리를 입은 여자가 검정 트렁크에 옷을 담아 들고 와서 이제 더 이상은 이 집에서 못살겠으니 안녕히 계시라며 큰절을 하고 가방을 들고 나갔다는 것이었다. 나는 웃으면서 "이제는 됐다. 내일부터 집을 보러 오는 사람이 있을 것이다"라고 말했는데, 정말로 이튿날부터 집을 보러 오는 사람들이 생겨났다. 그리고는 40일 작정기도가 끝나기 일주일 전에 사촌동생네 오류동 집이 팔려 봉천동 빌라로 입주하는 데 아무 지장 없이 모든 일이 은혜롭게 잘 풀렸다.

이 일을 목격한 친동생이 자기도 복 받게 해달라며 자기 집에서도 일주일에 한 번씩 예배를 드려 달라 부탁해서 우리는 또다시 넷이서 매주 월요일에 봉천동 신웅이 집에서 예배를 드렸다.

하루는 예배를 마치자마자 내 입에서 "하나님이 너 집 주신단다"라는 말이 나왔다. 그때(1991년) 신웅이는 1200만 원짜리 반지하에서 전세로 살고 있었는데, 서울에서 어떻게 1200만 원으로 집을 살 수 있냐며 내 말을 지나가는 말로 여겼다.

그러다가 1992년 10월 우리 교회 부흥회 주간에 강사님 아침식사를 준비하는 중 신웅이한테서 전화가 왔다.

"언니, 4800만 원짜리 집과 5200만 원짜리 집이 있는데, 4800만 원짜리는 북향에 땅이 넓고 5200만 원짜리는 남향에 땅이 좁은데, 둘

중 어느 집으로 할까?"

나는 2층에 올라가서 기도하고 올 테니 10분 후에 다시 전화하라 하고 2층 예배실로 올라가서 기도를 시작했다.

기도 중에 나는 상상도 하지 못했던 3층집 환상을 보았다. 큰 도로 가에 ㄱ자로 꺾어진 반듯한 정남향 붉은벽돌 3층집이 또렷하게 보이는 것이었다. 그러나 나는 정말 이 말을 해야 하는지 말아야 하는지를 망설이다가 하나님은 한 번도 틀린 응답을 주신 적이 없었기에 동생에게 본 대로 전했다. 그랬더니 동생은 1200만 원으로 집을 사는 것도 힘든 일인데 3층집을 사라니, "언니는 점점 더 미쳐가네……"라고 하였다. 결국 이튿날 부동산 아저씨와 하루종일 집을 보러 다니다가 마음에 드는 집이 없어서 다른 데는 없냐고 묻자 하나 있기는 한데 덩어리가 크다며 망설이자 동생은 보기라도 한다며 아저씨를 따라갔다. 그런데 그곳에 신기할 만큼 내가 전화로 말했던 3층집이 있었다.

"언니, 정말 언니가 전화로 말했던 것과 똑같은 집이 있는데 8000만 원을 달라고 하니 나에게는 그림의 떡이야."

나는 동생에게 1층, 3층은 세를 주고 2층만 너희가 살면 되니까 홍제동 아버지를 모셔다가 집 주인에게 잔금 치르기 전에 등기 이전을 먼저 해달라 양해를 얻고, 은행에서 담보 대출을 받아 잔금을 주고 집을 사면 된다고 말했다.

동생은 아버지를 모셔다가 내가 말한 대로 집주인의 도움을 얻어 은행융자 1800만 원을 얻어서 3층집을 사게 됐고, 동생이 그 집을 산 뒤 2-3년 후에는 3억까지 올라가게 되었다. 그렇다고 해서 내가 투기를 부추긴 건 아니다. 하나님이 복 주실 사람들에게 한 번씩 기회를 주실 때에 나를 통해 복 받은 사람들이 많이 있었다.

이처럼 나는 빚은 안고 고생하고 있을 때에도 하나님은 나와 함께 일하시는 것을 많은 사람들에게 나타내셨다.

"우리는 속이는 자 같으나 참되고 무명한 자 같으나 유명한 자요 죽은 자 같으나 보라 우리가 살아 있고 징계를 받는 자 같으나 죽임을 당하지 아니하고 근심하는 자 같으나 항상 기뻐하고 가난한 자 같으나 많은 사람을 부요하게 하고 아무 것도 없는 자 같으나 모든 것을 가진 자로다"(고후 6:8-10).

하나님은 나의 피난처

1990년 6월 6일은 옥천중앙교회 창립 10주년 기념일이었다. 그때 경산 다비다회 회원이었던 이선희 권사님이 남편에게 성지순례를 다녀오시라며 300만 원을 가지고 오셨다. 남편은 어떻게 혼자 가느냐며 나와 함께 갈 수 있을 때까지 2년을 더 기다리다가 1992년 2월 침례신학대학교 동기 목사님 몇 분과 함께 성지순례를 다녀왔다.

그리고 지방회 때 간증을 해달라는 요청에 의해 남편이 성지순례 간증을 하고 나니 옥천 지방회에서 1년 후에 지방회 단체로 성지순례를 가기로 결정이 되었다. 그 당시 다섯 개의 지교회가 있었는데 지교회 사모님들도 모두 성지순례를 간다고 하자 우리 교회 안수집사님이셨던 김선춘 집사님께서 '내가 100만 원을 내놓을 테니 집사님들 모두 10만 원씩 내서 사모님도 보내드려야 한다'고 하여 1993년 1월 27일 꿈 같던 성지순례를 가게 되었다.

빚에 시달리고 있던 나에게 17박 18일의 긴 여행은 사막의 오아시스, 피난처와 같았으며 포근한 주님의 품속과 같이 너무나 좋은 시간이었다. 요즘에는 진짜 성지는 사우디아라비아에 있다고도 하지만, 당시 우리는 모두 이집트를 중심으로 성지순례를 다녀왔다. 평소에 출애굽기를 수십 번 읽으면서 그때마다 나름대로 시내 산을 몇 번이나 그려봤던지! 그러다가 직접 시내 산에 오르니 그 감동은 이루 다 말할 수가 없었다.

사해를 벗어나 예루살렘을 향해 가다 보니 강이나 호수가 없는 예루살렘은 해발 800m 높은 지대에 있었고, 반대로 여리고는 해저 200m 지점에 있었기에 농토가 기름지고 물이 풍부하여 과일이 풍성한 풍요로운 곳이었다. 오늘날과 같이 물질을 사랑하고 하나님보다 세상을 더 사랑했던 강도 만난 사람이 예루살렘을 떠나 여리고로 갔다는 성경 이야기가 쉽게 이해되기도 하였다.

예수께서 대답하여 이르시되 어떤 사람이 '예루살렘에서 여리고로 내려가다'가 '강도를 만나매' 강도들이 그 옷을 벗기고 때려 거의 죽은 것을 버리고 갔더라 마침 한 제사장이 그 길로 내려가다가 그를 보고 피하여 지나가고 또 이와 같이 한 레위인도 그 곳에 이르러 그를 보고 피하여 지나가되 어떤 사마리아 사람은 여행하는 중 거기 이르러 그를 보고 불쌍히 여겨 가까이 가서 기름과 포도주를 그 상처에 붓고 싸매고 자기 짐승에 태워 주막으로 데리고 가서 돌보아 주니라 그 이튿날 그가 주막 주인에게 데나리온 둘을 내어 주며 이르되 이 사람을 돌보아 주라 비용이 더 들면 내가 돌아올 때에 갚으리라 하였으니 네 생각에는 이 세 사람 중에 누가 강도 만난 자의 이웃이 되겠느냐 이르되 자비를 베푼 자니이다 예수께서 이르시되 가서 너도 이와 같이 하라 하시니라"(눅 10:30-37).

우리는 신앙생활을 잘한다는 사람마저도 물질을 따라 이동하며 살아가는 모습을 쉽게 볼 수 있다. 그러나 예루살렘이 아무리 강이나 호수가 없어서 사람이 살아가기에 척박하다 할지라도 하나님 안에는 모든 것이 있으며, 신령한 복은 육신의 복을 가져와도 육신의 복은 신령한 복과 상관이 없다는 것을 물질을 따라 살았던 롯 가정의 부끄러운 구원을 통해 깨달아야 하며(창 19장), 강도 만난 사람을 통해 교훈을 얻어야 할 것이다.

"사랑하는 자여 네 영혼이 잘됨 같이 네가 범사에 잘되고 강건하기를 내가 간구하노라"(요삼 1:2).

우리는 예루살렘과 그리스를 거쳐 터키로 향했다. 산 위의 바위들은 구멍이 뚫려 마치 아파트처럼 되어 있었고, 지상은 물론 지하 동굴에까지도 핍박을 받았던 초대 교인들의 삶의 흔적들이 생생하게 보존되어 있었다. 그때 갑바도기아에서 멀리 보이는 아파트같이 구멍 뚫린 산들을 바라보며 나는 새로운 믿음을 가지게 되었다.

하나님이 세상을 창조하실 때에 이미 중세시대의 핍박을 예견하시고 A.D. 313년 콘스탄틴 대제가 종교 자유령을 선포할 때까지 복음의 불씨로써 초대교인들을 남기시려고 로마의 카타콤이나 갑바도기아 같은, 손으로 파질 만큼 부드러우나 공기와 접촉하면 단단한 석회석으로 굳어지는 응회암 토질에 땅을 예비하셨음을 알게 되었다.

그러한 하나님께서는 나의 짧은 삶을 살아갈 동안 이미 모든 것을 예비하신 여호와 이레의 하나님이시기에, 염려와 걱정 대신 모든 것을 하나님의 손에 맡기고 감사함으로 인생의 기회를 주를 위해, 먼저 그의 나라와 그의 의를 위해서만 최선을 다하며 살아야 할 것임을 깊이 되새기게 되었다.

그리고 로마에 들러 이곳저곳을 둘러본 뒤 바울이 마지막으로 갇혔던 동굴 감옥으로 갔다. 바울이 감옥에서도 간수에게 복음을 전하고 그에게 침례를 주고 싶어하자 하나님께서 바위 동굴 안에서 샘이 터지게 하셨다는 가이드의 말을 듣고 '그렇지, 뜻이 있는 곳에는 반드시 길이 열리는 법이지'라며 큰 위로를 받았다.

우리는 바울에 비하면 모든 것이 풍족하고 자유롭고 환경과 조건이 은혜로움에도 불구하고 얼마나 복음을 증거하고 한 영혼을 사랑하였는지 돌이켜봐야 할 것이다. 항상 말로만 하나님을 사랑한다 했지 실상은 나를 사랑하고 세상을 사랑하고 물질을 사랑하지 않았는가.

진정 그의 나라와 그의 의를 위해서는 얼마나 사심 없이 살았는가를 생각해 봐야 할 것이다. 나는 성지순례를 통해 바울 사역의 자취를 돌아보면서 감옥에서 죽는 그 순간까지도 복음을 위해 최선의 삶을 살았던 바울을 거울 삼아, 나 또한 긴 세월 동안 빚으로 인해 때로는 숨이 막힐 것 같고 피가 마르는 듯한 고통을 겪는다 할지라도 그것들 때문에 나에게서 복음의 능력이 제한되거나 하나님의 역사가 중단된다면, 나는 진정한 의미에서 하나님의 일꾼이 아니라는 것을 깨달았다.

"나의 간절한 기대와 소망을 따라 아무 일에든지 부끄러워하지 아니하고 지금도 전과 같이 온전히 담대하여 살든지 죽든지 내 몸에서 그리스도가 존귀하게 되게 하려 하나니"(빌 1:20).

그러한 새로운 여러 가지 도전과 은혜와 감동을 간직하며 다녔던 17박 18일의 성지순례는 나를 압박하고 짓누르는 책임감과 고통으로 인해 사방으로 막혀 있었던 나의 생각과 마음이 잠시 쉬어가는 그늘이었지만, 나에게는 오직 하나님만이 영원한 피난처가 되었다.

"여호와는 나의 사랑이시요 나의 요새이시요 나의 산성이시요 나를 건지시는 이시요 나의 방패이시니 내가 그에게 피하였고 그가 내 백성을 내게 복종하게 하셨나이다"(시 144:2).

신부를
단장시켜라

1994년 원금을 상환하며 이자를 주어야 하니 결코 쉬운 일이 아니었기에 끝이 보이지 않던 이 고통에서 빠져 나오고 싶었던 어느 날, 2층 예배실에서 밤을 새워 기도하다가 그만 장이 꼬이고 말았다.

이자를 중단할 수도 없고, 그렇다고 죽을 수도 없고, 살자니 감당하기가 너무 힘들어서 "주님, 오늘밤에 속히 오세요"라는 기도를 계속하고 있을 때에 환상을 보게 되었다. 재림 준비를 마치신 주님을 보며 "왜 빨리 안 오십니까?"라고 묻자 "신부들을 보아라" 하시기에 신부들을 보았더니 모두가 온전치 못했다. 소매 없는 옷을 입었는가 하면, 찢어진 옷과 때 묻은 옷을 입고 있었다. 그때 주님은 내게 "신부를 단장시켜라" 하셨다.

그 말씀을 듣고 나는 엎드려 회개하기 시작했다. 나를 연단하시는 것은 나를 영적으로 성숙하게 하셔서 정금같이 쓰시려는 섭리가 있었건만, 나는 하나님 마음의 깊이를 깨닫지 못한 채 고통스럽다고 소리치고 있었다. 그런 내 모습을 부끄러워하면서 다시 힘을 얻고 기도하게 되었다.

1994년 8월 충남산 기도원에 들어가서 일주일을 기도할 때였다. 힘든 마음에 하루는 머리를 땅에 대고 울며 기도하고 있는데 갑자기 음성이 들렸다.

"고개를 들라. 아브라함이 몇 세에 부름을 받았느냐?"

"75세입니다."

"몇 세에 아들을 얻었느냐?"

"100세입니다."

"너는 약속을 받은 지 몇 년이 되었느냐?"

"10년밖에 안 되었습니다."

그때 나는 하나님의 때를 기다리며 인내해야 한다는 것을 깨달았다. 지금도 나는 1985년 12월 하나님이 내게 주신 말씀이 이루어지는 축복의 때를 기다리고 있다.

1995년 7월, 남편은 둘째 주, 나는 넷째 주 집회를 인도해달라는 신곡기도원 원장님의 요청이 들어왔다. 그후 우리 부부는 1년 동안 하루에 10시간씩 성경을 읽고 연구하고 나는 하루에 4시간씩 기도로 그 집회를 준비했다. 그때가 가장 빛이 많이 늘어나던 해였고, 가장 심리적 부담과 고통이 많았던 해였지만, 그렇게 말씀과 기도에 몰두하다 보니 지금 와서 뒤돌아보면 60 평생을 살면서 가장 많은 은혜를 받고 영적인 체험을 가장 많이 했을 때가 그때였다. 나는 1년 동안 성경에 묻혀서 말씀이 나를 다스리는 영적 경험을 했으며 내 인격을 통치하시고 그 말씀이 내 안에서 운행하시는 것을 체험하였다.

"땅이 혼돈하고 공허하며 흑암이 깊음 위에 있고 하나님의 영은 수면 위에 운행하시니라"(창 1:2).

또한 옛 속담에 "신선놀음에 도끼자루 썩는 줄 모른다"라는 말처럼 21일 동안 3일 간격으로 꿈과 환상을 보았는데 그 중에 세 가지만 이야기해 보겠다. 처음 본 환상은 커다란 피라미드 같이 생긴 정삼각형의 큰 산 전체에 불이 붙어 있었다. 두 번째 환상은 나폴리 항과 같은 아주 잔잔하고 넓은 바다에 아침 햇살이 비추자 바다의 찬란한 물결이 황금빛으로 반사가 되는데 그 아름답고 황홀한 금빛 바다와 그 위의 햇살을 바라보자 빛의 생기가 내 몸으로 흡수되는 것을 느꼈다.

마지막 세 번째는 새파란 잔디가 깔린 넓은 공원 같은 곳에 군데군데 커다란 아름드리 나무가 우뚝 서 있었고 내 눈 바로 앞에는 빨갛고 노란 핑크빛의 장미 꽃밭이 있는데 그곳에서도 아침 햇살이 비추자 장미 꽃잎에 맺혀 있던 이슬 방울은 마치 다이아몬드처럼 영롱한 빛을 띠며 말로 표현할 수 없는 아름다운 광경이었다.

그런데 이상한 것은 3일 간격으로 어김없이 꿈과 환상을 보았던 21일 동안은 내 생각이 통제된 상태에서 꿈과 환상을 보면서도 본다는 것을 의식하지 못했고, 보았다는 분명한 기억이 있으면서도 그 이상의 생각을 하지 않고 있다가 마지막 환상을 본 후에야 내가 21일 동안 일곱 번의 꿈과 환상을 보았구나 하는 생각과 동시에 영적 체험은 끝이 났다.

그러다가 약속된 신곡기도원에서 5주 연속 집회가 있었는데 당시 기도원은 8월 30일까지 3000만 원이 없으면 기도원이 경매로 넘어가게 되는 위기에 놓여 있었다.

첫째 주에 부여 부소산 기도원장님이 집회를 했는데, 마침 대구 다비다 회장이었던 이선희 권사와 함께 나도 한 주간 집회를 참석하고 마지막 토요일 새벽에 기도를 하는데 또다시 환상이 보였다. 네모 반듯한 정사각형의 풀밭에 1m 이상 크기의 억새풀이 꽉 들어차 있었는데, 그 새파랗고 억센 억새풀이 반듯하게 타들어 가더니 절반에서 반듯하게 멈추는 것을 보고 그날 아침 식사를 한 후에 송 원장님과 이태안 원장님 내외 그리고 나와 이선희 집사가 있는 자리에서 아침에 본 환상을 이야기하며 내 집회 때에 절반이 해결될 것이라고 말했다.

내 말을 들은 네 사람은 아무 대답도 없이 의아한 표정만 지었으나, 8월 14일이 되어 내가 집회를 인도하는 주간 설교시간에 단 한 번도 헌금하라는 말 한마디 안 했는데도 기적같이 1500만 원이 헌금되었다. 이 일을 지켜보던 남편이 본인의 사례비와 나의 사례비까지 포함하여 1600만 원의 헌금으로 내가 말한 환상과 같이 기도원 문제의 절반이 해결되었다.

그 당시 기도원이라야 매 시간 시골 교인 약 30명이 전부였다. 첫째 주 집회에 20만 원, 둘째 주 20만 원, 셋째 주 20만 원이 그 기도원 집회 주간에 모인 헌금의 전부였지만, 하나님은 1년 동안 말씀과 기도로 준비했던 나를 통해 환상을 보여주셨고 약속대로 넘치게 역사하셨던 것이다. 그때 부족한 나를 들어 사용하신 하나님께 무한한 영광을 돌리며 뜨거운 감사의 기도를 드렸다.

"그러나 하나님께서 세상의 미련한 것들을 택하사 지혜 있는 자들을 부끄럽게 하려 하시고 세상의 약한 것들을 택하사 강한 것들을 부끄럽게 하려 하시며"(고전 1:27).

목숨 걸었던 네 번째 40일 기도

1993년 12월, 교회를 개척한 지도 어느덧 13년이 지났다. 내가 맡은 빚 때문에 홀로 고생은 하였지만, 단 한 번도 빚으로 인해 성도들과 언짢은 일이나 얼굴 붉혀 본 일이 없었고 그 일로 인해 교회를 떠난 사람도 없었다. 그러나 빚 문제가 장기적으로 가다 보니 내가 사업을 하는 사람도 아니고 그렇다고 재벌집 자식도 아닌데, 원금을 상환하면서 끊임없이 이자를 주는 데 한계가 찾아왔다.

지금까지 나를 가장 많이 도왔던 재정집사님 두 분이 은행돈 2000만 원을 쓸 수 있도록 보증인이 되어 주었는데 제 날짜에 이자를 넣기가 힘들어지다 보니 이제는 자기들은 보증인에서 빼주지 않으면 다른 교회로 가겠다는 것이었다. 그래도 그때까지 13년 동안 가장 믿고 의지했던 재정집사님들이었고 아무리 힘들어도 한 영혼이 천하보다 귀하기에 빚이 계속 늘어난다 해도 천하를 살 수 있는 액수는 아니라 생각하며 스스로 위로를 받았는데, 제일 믿음이 있다고 생각했던 두 집사님의 떠나겠다는 소리를 들으니 하늘이 빙빙 도는 것만 같았다.

　남편은 '목회자의 실수로 교인들이 교회를 떠났다는 오점을 남겨서는 안 되는 일'이라며 급전이라도 얻어서 보증인에서 빼어 주라고 했다. 하는 수 없이 1000만 원에 한 달 이자가 30만 원인 급전을 얻어서 보증인 서류를 빼어주고 나머지는 카드 대출을 통해 해결할 수밖에 없었다.

　그후 교회는 아무 일 없이 정상적으로 운영되었지만 그때부터 나의 고충은 한층 더 가중되어 1년이 지난 후에는 빚이 눈덩이처럼 불어나서 결국엔 친구가 내게서 사갔던 포도밭을 도로 주어 1000만 원을 빌린 집에 4000만 원짜리 땅을 내어주는 등 말로 다할 수 없는 고난이 시작되었다.

　1994년 12월 1일, 우리 부부는 그해 들어 네 번째 40일 작정기도에 들어갔다. 장소를 가까운 침례교 수양관으로 정해 놓고 밤마다 난로도 켜지 않은 채 서로의 소리가 들리지 않을 만큼 떨어진 공간에 자리를 잡고 그동안 개척한 후 그 어느 때보다 뜨겁고 간절하고 처절하게 결사적인 기도에 들어갔다. 그래서 나는 40일 동안 매일 밤마다 티스푼 반 정도의 빨간 피를 토하면서 목이 터져라 부르짖으며 목숨을 걸고 기도했다.

　오직 살아 계신 하나님만 바라보며 진정으로 낙심하지 않고 흔들리지 않는 믿음의 기도와 피맺힌 기도의 향기가 하늘에 닿을 때쯤, 하나님은 땅에서 사람들의 마음을 흔들어 감동케 하셨다. 동생 신응이로부터 전화가 왔는데 "언니, 논산 땅 팔아서 빚을 갚아"라고 했다. "네 남편하고 의논해야지, 이 서방이 협조해야 할 거 아니냐"라고 말했으나, 동생은 "내가 언니를 통해서 받은 축복이 얼마나 많은데……. 나중에 애들 유학 보낼 때 쓰려고 사놓고 땅 값이 올라가면 언니 도와주려 했지만 땅 값 올라가길 기다리다가는 언니가 먼저 죽겠어" 하며 논산 땅 400평을 나를 위해 내어 놓았다.

"믿음이 없이는 하나님을 기쁘시게 하지 못하나니 하나님께 나아가는 자는 반드시 그가 계신 것과 또한 그가 자기를 찾는 자들에게 상 주시는 이심을 믿어야 할지니라"(히 11:6).

"너는 내게 부르짖으라 내가 네게 응답하겠고 네가 알지 못하는 크고 은밀한 일을 네게 보이리라"(렘 33:3).

나는 그때 그 기도를 통해서 끊임없이 믿는 자에게 역사하시는 신실하신 하나님을 생생하게 경험하면서, 기도에 대한 나의 철학 5번 "기도는 영적 노동이다"와 7번 "기도는 축복과 행복의 시작이다"를 깨닫게 되었다.

옥천은 어떤 곳인가

옥천은 땅이 좁고 들이 없으며 산이 높고 산세가 험한 곳이라서 농토가 적어 일찍이 상업이 발달된 읍 단위의 작은 도시지만 반면 일제시대부터 기차역이 있었기에 영리한 사람들이 많은 곳이다.

우리가 처음 1980년 6월 6일에 교회를 개척했을 때 전도를 나갔더니 거의 집집마다 시커멓게 볶은 보리를 한 멍석씩 널어놓았었다. 저 보리를 어디에 쓰려고 저렇게 널어놓았느냐고 물었더니 저것이 육무초와 삼초삭을 섞어 만드는 만병통치약이라는 것이었다. 그렇게 약을 만들어 등짐을 지고 여자들이 전국으로 다니면서 팔아 그들의 생계를 유지했다.

그런가 하면 고 육영수 여사의 생가와 속리산이 가깝다 보니 불교가 승하여 그런지는 몰라도 처음 부흥회를 할 때 교회 밑 길가에서 누군가가 5분 간격으로 경운기 시동을 틀어 집회가 끝날 때까지 시끄럽게 했고, 또 교회 건물 옥상에서는 목탁을 두두리기도 하였다.

그뿐 아니라 나에게 기도를 받고 하나님의 은혜로 뇌암을 치료받은 사람이 있었다. 그분은 자신이 완치되었다는 이야기를 13년 동안 아무에게도 하지 않고 있다가, 지교회의 입당예배에 뷔페 그릇을 빌려준 나를 나무랐다. 13년 동안 그분을 아무 말 없이 지켜보던 나는 교회에서 좋은 모델 신자가 되지 못하는 것에 안타깝게 생각하다가 더 이상 참는 것만이 능사가 아니라는 생각이 들어 그 자리에서 그 집사님에게 이렇게 이야기했다.

"집사님, 플라스틱 뷔페 그릇이 빌려준다고 깨집니까? 닳아서 없어지기를 합니까? 교회의 일은 꾸어주고 빌려주고 도와주며 하는 것이니 앞으로는 그렇게 하지 마십시오."

이 모습을 목격한 목사님은 그 집사님을 불러 조용히 타일렀으나 그 말이 섭섭했는지 그후 그 집사님은 두 사람을 데리고 아무런 말도 없이 우리 교회를 떠나갔다.

그런가 하면 세 가지 합병증으로 사형선고를 받은 사람이 우리 교회에 나온 지 3개월 만에 깨끗하게 완치되었으나 그도 역시 온다 간다 인사도 없이 대전으로 이사를 갈 정도로 옥천의 인심은 매우 사나웠다. 또 우리 부부의 전 재산이었던 80만 원을 들여 방 한 칸, 부엌 한 칸을 만들어 3년 계약을 했던 건물 주인도 1년 6개월 만에 단돈 5만 원을 주며 내쫓은 곳이 옥천 땅이었다.

또한 장야리에서 우리 교회를 나왔던 여은숙 씨는 남편이 세상을 떠난 뒤로는 눈을 뜨지 못해 외출할 때에는 손가락으로 눈꺼풀을 들어 올리고 다녔으며, 뿐만 아니라 돌아가신 남편이 매일 밤 옆에 와서 누웠다가 간다고 하였다. 그때 그가 남편이 아니고 귀신이라는 것을 분명히 알려주며 그 집에 있었던 모든 왕신단지를 부수고 부적들을 불태우며 기도했다.

그 뒤로 여은숙 씨는 눈을 뜨고 다닐 수 있게 되었고, 그는 너무나 기뻐하며 남편의 첫 제사에 우리를 불러 추도예배를 부탁했다. 그런데 그날 시동생이 어깨에 돗자리를 메고 형님 제사를 드리러 왔다가 예배를 드리려던 남편을 보자마자 메고 있던 돗자리를 들어 남편을 때리기 시작했다.

"이놈아! 우리 형님 식사도 못하시게 재수 없이 목사 놈이 여기에 왜 왔냐!"

이 일을 겪고 난 다음 주일 낮 예배에서 남편은 목사의 아들로 태어나 핍박 한번 안 받아보았기에 복음을 위해 핍박받는 사람들이 무척 부러웠는데 처음으로 돗자리로 맞아 봤으니 얼마나 기뻤는지 모른다고 말했다. 나 역시 신학교에 입학하기 위해 서울로 올라갔을 때, 아버지의 핍박을 받고 무척이나 기뻐했는데 남편이 기뻐하는 모습을 보고 나도 마음이 흐뭇했다.

우리 부부는 지금까지 33년 동안 단독목회를 해오면서 단 한 번도 병자들을 위해 기도해주고 개인적으로 돈을 받거나 요구한 적이 없었다. 사택에서 먹고 자고 했던 환자가 월 10만 원씩 낸 적은 있었으나 오직 "거저 받았으니 거저 주라"는 마태복음 10장 8절 말씀대로 살았다.

꽃다운 28세에 옥천 땅을 처음 밟았던 때로부터 16년 후 그곳을 떠날 때까지 옥천에서의 나의 삶은 밤마다 성전에서 흘린 땀과 눈물로 종이배를 띄워 보낼 만큼이나 아픈 시간들이었다. 개척멤버 한 사람 없이 시작했던 교회가 하나님의 은혜로 옥천군 내에서 네 번째 큰 교회로 성장하는 것을 바라본 시간들 역시 무거운 십자가를 지고도 기뻐했던, 아프지만 행복한 세월이었다.

그때 그 희생의 열매로 세운 옥천교회는 목회자 여섯 명과 사모 여섯 명을 배출했고, 우리가 그곳에서 겪었던 그 큰 고난과 시련은 내 인생에 있어 가장 큰 행운이고 축복이었으며, 나를 훈련하셨던 그 강퍅했던 옥천 땅은 하나님이 나를 다듬으셨던 하나님의 일터였다.

"그러나 내가 가는 길을 그가 아시나니 그가 나를 단련하신 후에는 내가 순금 같이 되어 나오리라"(욥 23:10).

주인 의식

교인들이 수적으로는 늘어났지만 부채는 계속 늘어가고 있던 1992년 9월 사무처리 회의에서는 평당 10만 원에 샀던 교회 땅이 300만 원이 되었으니 차라리 부지를 매각하고 모든 빚을 청산한 후 자동차로 2~3분 거리에 있는 1,000여 평의 땅을 사서 우리의 꿈이었던 전원교회를 하는 것으로 의견이 집결되어 총회의 인준까지 받아 놓았다.

우리는 옥천을 떠날 때까지 단 한 번도 교인들이 우리가 떠나기를 바랐거나 떠나야 할 이유는 없었지만, 건축을 할 때도 전교인 헌금이 겨우 50만 원이었고, 16년 동안 빚을 갚을 때에도 교인들의 헌금은 강 선생님 댁 것을 포함한 3000만 원밖에 안 되었었다. 그뿐만 아니라 그동안 모든 부채와 이자까지도 나 혼자 감당하다 보니 교회에서 무슨 일을 결정할 때에 교인들은 항상 목사님께 알아서 하시라고 했지 이래라 저래라 하며 속을 썩인 적도 없었다.

그러다 보니 은근히 우리 부부의 마음속에는 '주인의식'이 자리잡고 있음을 느끼게 되었고, 이 때문에 교인들을 더욱 겸손히 섬기지 못하는 모습을 발견하게 되었다. 그래서 하루는 남편과 함께 깊은 대화를 나누면서 하나님이 정말 기뻐하시는 겸손한 목회를 하기 위해서 목회지를 옮겨 보는 것이 어떨까 하는 이야기를 나누었다.

우리는 목회는 사업이 아니라고 믿었기에 큰 교회를 찾아 기웃거리거나 이리저리 옮겨다니는 것은 더더욱 아니라고 생각하여 비록 가난하고 힘든 시골이었지만 그곳에 뼈를 묻을 각오로 16년을 버텼다. 그러나 조금은 큰 도시로 가고 싶은 생각도 전혀 해보지 않았다고는 말하지 못하겠다.

그런 가운데 하루는 어느 교회와 교환 목회를 추진해주신 목사님의 소개를 받고 청주교회 목사님을 만났다. 당시 50여 명이 출석하고 있고, 당신만 떠나면 나갔던 50명이 전세 들어 있는 6000만 원까지 가지고 돌아온다고 말했다. 또한 교회 차가 안 보이기에 우리 부부가 궁금히 여겨 물었더니 교회 마당이 없던 청주교회는 교회 차를 여관 주차장에 대놓고 있다는 것이었다.

옥천으로 돌아와서 며칠을 기도하며 고민하고 있던 중, 남편은 우리가 옥천에 있게 되면 땅을 팔아 빚을 갚고 약간 변두리로 나가도 교회 부흥에 지장이 없지만, 떠나는 마당에는 교회 땅을 팔아 빚을 갚느니 16년 동안 십자가를 지는 것이 하나님 앞에서 상 받는 것이라고 설교했던 목사로서 차라리 빚을 가지고 떠나는 편이 옥천교회를 위해 마지막으로 할 수 있는 본을 보이는 삶이라 하였다. 결국 우리는 2억 4천의 빚을 가지고 1996년 4월, 16년 만에 개척한 옥천교회를 떠나기로 마음 먹었다.

그 일을 결정할 때 남편은 나에게 십자가 한번 더 질 수 있겠느냐고 물었다. 옥천에서는 무에서 유를 만든 곳이기에 빚이 있었어도 교인들이 시험에 들지 않았지만, 청주 교인들이야 어떻게 빚을 가지고 가는 목사를 은혜롭게 보겠느냐고 걱정하는 나에게 남편은 "죽고자 하면 살고 살고자 하면 죽는다"라며 하나님이 책임져 주시지 않는다면 그때는 목회를 그만둘 것이라고 말했다. 그렇게 남편이 강경하게 결심을 굳힌 듯하여 나는 동생이 내놓은 논산 땅 400평만 팔려도 절반을 해결할 수 있으니, 청주로 가면 함께 하루에 네 시간씩 기도할 것을 약속하고 옥천을 떠나기로 마음을 굳혔다.

막상 옥천을 떠나려고 하니 지나간 일들이 주마등처럼 스쳐 지나갔다. 남편과 나는 욕심 없이 사람만 좋아해서 우리 집엔 항상 사람들의 발길이 끊이지 않았었다. 특별히 지교회 목사님들은 남편을 형님같이 따랐기에 매주 목요일은 수양관에 모여 운동도 하고 설교 준비도 하며 밤에는 함께 기도했었다. 명절에도 자기들의 친가로 가지 않고 우리 집으로 왔을 정도로 서로 아끼고 사랑했던 지교회 목사님들과 사모님들의 얼굴이 떠올랐다.

옥천에서의 마지막 밤에 잠이 오지 않아 다시 기도하기 위해 교육관으로 나갔다. 기도하던 중에 아쉬움과 섭섭함을 느끼며, 어느 집사님을 생각하게 되었는데, 그때 주님이 "내 몸을 불사르게 내줄지라도 사랑이 없으면 내게 아무 유익이 없느니라"(고전 13:3) 하신 말씀과 함께 나의 고향 교회를 거쳐 가셨던 목사님들을 생각하게 되었다.

그때 내가 어릴 적 그분들에게 받은 은혜를 옥천 땅에서 갚게 되었음을 깨달으면서, 사랑받을 자격 없는 이 땅에 그 어떤 사람까지도 끝까지 사랑하시고 끝까지 용서하시며 기다려주시는 하나님의 끝없는 사랑을 통해 기도에 대한 나의 철학 열 번째 "기도는 끝없는 용서와 사랑을 만들어 낸다"를 기록하게 되었다.

너덜 집사덜 다 뎌졌냐?
(충북 사투리)

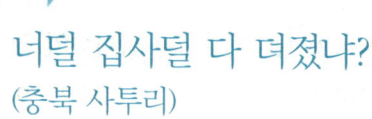

    1996년 4월 2일 약속대로 16년 만에 처음으로 목회지를 옮기게 되었다. 아침 일찍 지방 회장님과 지교회 목사님들 몇몇 분과 성도들이 모여 송별예배를 드리는 가운데, 지방회 회장이었던 박은석 목사님은 "내가 이제까지 겪은 윤철현 목사님은 정말 너무나 신사적인 분이셨으며 어려운 가운데서도 지방회 선교비 예산 1/2을 옥천중앙교회가 감당해 주시는 등 7개의 지교회를 세워 지방회 발전에 크게 공헌하셨다"며 치하와 더불어 지방회 이름으로 공로패를 전달해 주셨다.

    송별 예배가 끝나자 집사님들이 흐느껴 울기 시작했다. 그 중 가장 안타까워했던 분이 오른쪽 눈이 실명되었다가 치료받았던 옥천교회의 처음 열매 김선자 집사님이었다. 이삿짐을 싣고 막 떠나려고 하는데 여전도회장이었던 조순례 집사님이 헐레벌떡 뛰어와서 애들 아빠가 빨리 가서 사모님께 드리라고 했다는 100만 원을 건네주며 "너덜 집사덜 다 뎌졌냐? 이 바보야! 윤 목사님 사모님 붙들어! 그런 목사님이랑 사모님 놓치면 너덜 평생에 그런 분들은 귀경도 못 할껴!"

했다는 것이었다.

　그분은 옥천공고 선생님이셨는데, 교회는 안 나오셨지만 얼마 전에 사택에 전화를 해서 '나도 못 고치는 부인이 점점 달라지고 있다'며 '내가 어떻게 해야 목사님 사모님의 은혜를 갚겠느냐'고 하며 곧 교회에 나오기로 약속했던 분이었다. 우리는 그런 모든 분들을 뒤로 하고 아쉬움을 간직한 채, 젊음과 피와 땀을 쏟았던 옥천 땅을 떠나기 위해 차에 올라탔다.

십자가의 흔적을 지녔노라

　이삿짐을 싣고 청주에 와서 보니 그곳 집사님들 역시 사택에 모두 모여 도배를 하고 집을 단장하는 등 분주하게 새 목사님 맞을 준비를 하고 있었다.
　짐 정리를 끝내고 첫 주일을 맞았다. 청주가 시댁이었던 동생 신응 집사 가족이 겸사겸사 내려와서 식사를 일찍 끝내고 아이들을 주일학교에 보냈다. 그런데 아이들이 2분도 안 되어서 모두 되돌아 왔기에 깜짝 놀라서 왜 예배를 드리지 않고 돌아왔느냐고 물었더니 아이들이 이상하다는 듯 양손을 벌리고 어깨를 으쓱하면서 아무도 없다는 표정을 지었다.
　그제서야 무언가 잘못된 것이라는 생각이 들었으나 침착하게 마음을 가다듬고 어른 예배 시간을 기다렸다. 그러나 예배가 시작되고 끝이 날 때까지 모인 교인은 모두 28명뿐이었다. 나는 혹시 교인들이 늦나 싶어 아무리 기다려보아도 예배당 문을 열고 들어오는 사람은 더 이상 없었다. 반주자도 성가대도 없었기에 중학교 2학년이었던 큰딸이 피아노를 치고, 중학교 1학년 아들은 드럼을 치고, 초등학교 5학년 막내딸이 키보드를 연주하며 예배를 마쳤다.

그리고 안수집사님을 만나 자세히 알아보니 모든 기관 활동이 중지된 지는 이미 오래되었고 오늘 모인 교인 28명이 전부라고 했다. 알고 보니 이 교회에서 떠난 교인들이 목회자가 바뀌면 전셋돈 6000만 원까지 가지고 돌아온다는 것과 여관 주차장에 있다던 교회 차까지도 5년 전에 있었던 일이라 하였다.

그 말을 듣고 문제의 심각성을 깨달았지만 이미 때가 늦은지라 옥천교회를 떠나오면서 가지고 온 2억 4천의 빚과 그 빚을 갚을 대책으로 동생이 내어준 논산 땅 400평이 있다는 이야기를 하고 또다시 매일 밤 남편은 강단에서, 나는 강단 밑에서 철야기도를 시작하였다.

그렇게 일주일쯤 지난 새벽에 환상이 보였다. 예수님이 나타나셔서 나를 보고 "너희는 십자가의 흔적을 지녔노라" 하시더니 많은 무리 가운데서 우리 부부를 빼어 오른쪽에 따로 세우시며 "이제 너희는 다른 사람들과 똑같이 대우할 수가 없다"라고 하셨다. 나는 '아! 주님께서는 알아주시는구나!'라는 생각에 큰 위로와 힘을 얻어 "모든 것이 합력하여 선을 이루느니라"(롬 8:28)는 말씀을 믿고 또다시 기도에 불을 붙이기 시작했다.

그렇게 열심히 기도하던 중에 남편이 하루는 자체 부흥회를 하겠다고 광고를 하고 전교인이 모여 한 주간 부흥회를 하게 되었는데 하나님의 은혜로 말미암아 집회가 끝난 후에는 신기할 만큼 매주 3~4명의 새신자가 찾아와서 교회가 부흥되기 시작했다. 이에 교인들은 힘을 얻어 매일 밤 7~8명씩 집에도 가지 않고 교회에서 밤을 새우다가 새벽 예배를 드리고 예배가 끝나면 모두 몰려가서 해장국으로 아침을 먹고 그 길로 출근하는 교인들까지 생겨났다. 그렇게 초대교회와 같은 은혜와 역사로 인해 3개월이 지나자 장년 80명으로 부흥하였다.

장맛비가 내리던 어느 날, 교회 천장 다섯 군데에서 비가 주룩주룩 쏟아져 내리자 교인 중에 있던 목수 두 사람이 또 다른 목수 2명을 전도해서 매일 밤 목수 4명이 교회 지붕에서 담장까지 뼈대만 남겨놓고 깔끔하게 수리를 해주었다. 예배실로 들어오는 현관에는 높은 종탑을 세워 마치 유럽과 북미주에서나 볼 수 있는 아름다운 교회로 꾸며놓고, 교인들이 함께 식사할 공간이 없어서 사택 마당에 판자를 막아 10평 정도 되는 식당을 만들었다.

이렇게 모든 성도들이 한마음으로 뭉쳐서 발전해가는 모습을 지켜보면서 안수집사님은 목회자 사례비를 100% 인상해 주었고, 교회 승합차를 새로 구입하는 등 날마다 잔칫집 같은 분위기에서 모든 성도들이 행복해했다. 성도들은 모이면 날마나 목사님 살릴 길은 동생이 준 논산 땅을 교회가 사는 것이 가장 빠른 길이라며 전 교인이 모두 그 일을 추진했으나, 안수집사님 한 분이 반대는 하지 않으셨지만 추석이나 지내고 보자는 말에 그 일을 보류하게 되었다. 그러자 한 집사님은 개인적으로 800만 원을 갚아주었고, 또 다른 집사님은 자기 빚을 갚으러 가다가 되돌아와 눈물 젖은 손수건에 600만 원을 묶어 가지고 "목사님 먼저 갚으셔야지요" 했다. 나는 그후 17년이 지난 지금까지도 그때 일을 잊지 않고 그들의 이름을 불러 축복하며 기도하고 있다.

교회에서 사례비를 100%나 인상해주었고 교인들이 냉장고를 가득가득 채워주었기에 십일조와 각종 헌금을 제외한 모든 수입으로 빚을 갚아 나갔다. 그러나 옥천을 떠나고 나니 모두 원금을 상환해 달라는 사람들이 청주 사택을 드나들자 재무집사님과 건축부장님의 동의를 얻어 건축헌금 1억이 예금되어 있던 은행에서 대출을 받게 되었다. 당시 재무집사님은 자신의 아파트를 담보물로 가져갔으나 전에 옥천교회 교인이었던 집사님이 그 은행의 지점장이었기에 담보물이 필요없다며 담보 설정은 하지 않았다. 그 일 후에 어느 여집사님이 이 일을 문제시하려 하자 바로 다음 주일 예배 후에 안수집사님은 제직회를 통회 그 대출건을 합법화시켰다.

왜! 새 목사님은 기도를 못 받게 하실까?

교회는 점점 부흥되어 갔다. 우리는 매주 금요집회를 충남산 기도원을 찾아가 가끔 남편이 설교도 하고 때로는 원장님과 특별 강사들의 설교를 통해 은혜를 받았는데 교인 중에 한 집사님이 "목사님! 청주 근교에도 좋은 기도원이 있으니 다음주 금요일부터는 가까운 곳으로 가시면 어떨까요?"라고 하였다.

우리는 청주 근교에 있던 어느 기도원에 도착하여 원장님을 만나 인사를 나눈 뒤에 나는 남편에게 "예배 끝난 뒤에 한 사람도 기도받게 하지 말고 전부 교회로 가라고 하세요"라고 말했다. 남편은 설교를 마친 후 교인들을 모두 차에 태워 교회로 돌아왔는데, 그때 교인들이 '왜 새 목사님은 기도를 못 받게 하실까' 하며 매우 섭섭하게 생각했다고 한다.

그런데 차를 따로 가지고 갔던 젊은 집사님 세 사람은 원장님이 내일 몰래 기도받으러 오라는 소리를 듣고 다음 날 기도를 받으러 갔는데, 세 사람 중 한 사람에게 은사와 성령이 충만하게 임했으니 이제 일주일 후에는 역사가 나타날 거라고 했다는데 그 일주일부터 이상한 일들이 시작되었다.

그 집사님은 보험회사에 다니고 있었는데, 어느 가정을 방문하면 장롱 속에 들어 있는 돈의 액수가 보였고, 그 액수만큼 보험을 들라 하면 모두가 놀라서 보험에 가입을 하여 처음에는 기뻐서 약 한 달 동안 열심히 일하면서 정말 신령한 무슨 은사라도 받은 줄로 알았다고 한다. 그런데 점점 마음이 불안하고 밤에도 낮에도 잠을 이룰 수 없어서 그 집사님과 함께 다녔던 또 다른 집사님이 보다 못해 나를 찾아와서 그동안 있었던 모든 일들을 털어놓으며 "사모님! 아무개 집사님 좀 살려주세요!"라고 부탁했다.

그날 우리는 교인들을 소집해서 일주일 작정기도에 들어갔다. 그에게 역사하고 있는 악한 영을 예수님의 이름으로 쫓으려 하자, 그 아무개 집사님이 "이년아! 내가 하나님이여! 하나님 잘 섬겨!"라고 소리치며 누워서 눈을 감고도 둘러앉아 있던 20명 정도의 집사님들 이름을 불러가며 누구에게는 들어가고 싶어도 십자가가 있어서 못 들어가고, 다른 누구에게 들어가고 싶어도 예수의 피가 있어서 못 들어가겠다며 기도하기 위해 모여 있던 교인들의 이름을 들먹였다. 그러자 둘째 날부터는 두 분의 한 집사님과 한 분의 김 집사님을 빼고는 아무도 기도시간에 나타나지 않았다.

그러나 우리 다섯 명은 매일 밤 작정된 시간에 기도하러 모였다. 일주일이 거의 끝나갈 무렵까지도 끝까지 악한 영을 인정하지 않던 집사님이 내가 손을 대면 속에서 "아이쿠 나 죽었다" 하다가 잠시 손을 떼면 "휴 살았다" 하는 자기 속에서 역사하는 잘못된 영을 인정하고, 마침내 기도하는 현장에서 사탄이 쫓겨나고 그 집사님은 온전하게 되었다.

"믿는 자들에게는 이런 표적이 따르리니 곧 그들이 내 이름으로 귀신을 쫓아내며 새 방언을 말하며"(막 16:17).

남편의 소원은
40일 금식기도

　1997년 10월 남편은 계속되는 교회 부흥과 자신의 영적 성장의 가속화를 위해 평생에 꿈꿔왔던 40일 금식기도에 들어갔다. 그러자 모든 교인들은 24시간 릴레이 기도를 하게 되었고 그렇게 열심히 기도하던 7일째 되던 날, 미국으로 유학 간 지 7년 되었던 안수집사님 아들이 갑자기 교통사고로 세상을 떠났다는 연락을 받았다. 금식 중이었던 남편을 대신해서 나는 새벽예배가 끝난 후 집사님들과 심방을 마친 뒤 기도원에 있는 남편에게 연락을 했고, 남편은 잠시 안수집사님 댁에 들러 그 가족을 위로하고 예배를 마친 후 다시 기도원에 올라갔다.

　금식 37일째 되던 날, 남편이 아이들 3남매를 데리고 잠시 기도원으로 올라오라 하여 충남산 기도원에 갔더니 내 눈앞에 보이는 사람은 남편이 아니라 곧 임종을 앞둔 70세 할아버지의 모습이었다. 남편은 나에게 먼저 "당신한테는 평생 고생만 시켜서 미안하다"라고 한 후 세 아이들의 이름을 부르며 각자 비전이 무엇이냐고 물으면서 이렇게 말했다.

"아빠가 앞으로 3일을 은혜롭게 잘 넘긴다고 해도 아빠가 하나님의 일을 하다 보면 너희들 뒷바라지를 남들처럼 잘 해줄 수 없을 것이니 너희들이 각각 자기의 하나님을 만나, 첫째로 하나님의 인도와 공급으로 살아가고, 둘째로 무슨 일을 하든지 하나님의 영광을 위하여 살고, 셋째로 무슨 일을 하든지 최선을 다하여 하고자 하는 일에 최고가 되어야 한다."

그러고는 "이 말은 아빠가 살아도 죽어도 너희들에게 남기는 유언이 될 것"이라면서 나로부터 시작하여 세 아이를 나이순으로 축복하며 기도해 주었다.

아이들은 눈물을 흘리며 감격의 축복을 받았고, 그후 하나님의 은혜와 능력으로 40일 금식을 무사히 마치게 되어 매주 예배 때마다 놀라운 은혜를 끼치면서 하나님께 영광을 돌렸다.

그러다가 미국에서 아들의 장례를 마치고 무사히 돌아오신 안수집사님이 하루는 500만 원의 1/10을 가지고 부인 집사님과 함께 사택을 찾아오셨다.

"목사님! 남은 자식들이나 앞으로 이런 일 당하지 않게 기도해주세요."

남편은 정말 뜨거운 축복기도를 해주었다. 그 주일 예배를 마친 뒤에 안수집사님은 제직회를 소집하여 동생이 내게 준 논산 땅을 교회가 사는 것으로 모든 성도들과 함께 그 일을 통과시켰다.

나는 이루어지는 모든 사건들을 바라보며 그제서야 나의 환상 가운데 "너희는 다른 사람과 똑같이 대우할 수 없다" 하신 주님 말씀의 의미를 깨닫게 되었다.

2억 4천의 빚을 가지고 28명의 교인들과 함께 어쩌면 목회를 할 수 없는 상황이 될 수도 있었지만 "죽고자 하면 살고 살고자 하면 죽는다"는 진리를 경험하게 되었다(마 10:39). 부족했던 우리 부부를 무척이나 아끼고 사랑했던 청주교회 교인들은 평생 잊지 못할 아름다운 추억을 우리에게 만들어 주었다.

우리가 청주에 있었던 2년 4개월 동안은 평생 살이 찌지 않던 남편의 몸무게가 10kg이나 늘어날 정도로 매달 방앗간에서 새로 찧은 쌀 1가마니씩 사택에 들여놓고, 승용차를 사주고, 생활비가 따로 들지 않을 만큼 넘치는 사랑을 베풀어 주었다.

세상에는 온전한 것이 아무것도 없다. 옥천에서는 대접받는 큰 교회 목사님들이 제대로 목회를 잘 하는 것 같아서 부러웠는데, 청주에 와서 넘치는 대접을 받고 점점 살이 찌다 보니 대접을 못 받을 때에도 역시 감사했어야 할 때였음을 몸으로 깨달았다.

"범사에 감사하라 이것이 그리스도 예수 안에서 너희를 향하신 하나님의 뜻이니라"(살전 5:18).

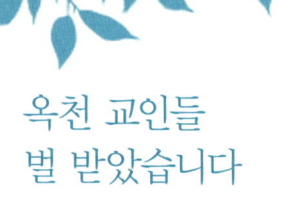

옥천 교인들 벌 받았습니다

우리 부부는 목회하는 동안 온 성도를 가슴에 품고 자나깨나 그들의 안전과 평안을 위해 파수꾼의 사명을 다하였다. 그래서인지 한국에서 목회했던 20년 동안 죽을 사람은 교회를 떠나거나 이사를 간 후에 사망할지언정 1년 이상 출석하고 있던 열심 있는 교인들이 사망을 하여 장례를 집례한 적은 한 번도 없을 만큼 하나님은 온 성도들을 건강하고 평안하게 지켜주셨다.

그러던 어느 날, 옥천교회에서 세 분의 집사님들이 청주로 찾아와서는 도착하자마자 이렇게 말했다.

"목사님! 옥천 교인들은 벌 받았습니다."

세상에 그렇게 조용하고 평안하던 교회가 목사님이 떠나신 후부터 교통사고가 줄지어 일어나 70바늘씩 꿰매고, 전도해 온 새신자는 예배드리고 돌아가서는 사료 가는 기계에 끼어 사망하는 등, 사건 사고가 이어지자 청년들은 무섭다고 직장을 옮겨 아예 다른 곳으로 떠나버리니 이러다가는 무슨 일이 생길지 두려워서 못살겠다는 것이었다.

"우리가 목사님께 빚을 떠넘기고 이제는 아무 걱정 없이 신앙생활 할 줄 알았는데, 윤 목사님이 계시던 16년 동안 빚은 있었어도 사모님이나 고생하셨지 우리들은 사모님 얼굴만 쳐다봐도 항상 은혜가 넘쳤는데, 왜 지금은 빚도 없는 교회에 가는 것이 공동묘지로 가는 것만큼이나 힘든지 모르겠어요."

새로 오신 목사님은 새벽마다 윤 목사 벙어리 되게 해달라는 기도만 하다가 사택으로 들어가시니 무서워서 교회를 못 가겠다며, 다른 목사님으로 좀 바꿔달라는 것이었다.

그들의 말을 들은 남편은 '아무리 목사님이 그렇게 기도하신다 할지라도 나도 여러분도 잘못이 없으면 아무 상관 없고, 또한 목회자를 어떻게 내 마음대로 바꾸겠느냐'며 "옥천교회가 계속해서 부흥하기를 원해서 내가 희생한 것이지 당신들이 그 교회를 지키지 않고 부흥시키지 못하면 우리의 희생을 헛되게 하는 것입니다. 한 사람도 교회를 떠나지 말고 기도하며 순종하다 보면 모든 일은 하나님께서 알아서 하실 것입니다" 하며 눈물로 타일러서 그들을 보냈다.

그 일이 있은 후 청주교회 어느 집사님이 나를 찾아와서는 옥천교회 소식을 전해 주었다.

"사모님! 옥천으로 가신 목사님이 말을 못하셔서 그 아드님이 설교를 하신대요."

그리고 몇 년 후에 우리가 옥천교회에 있을 때 교육전도사로 사역하시던 분이 옥천교회 후임이 되어 캐나다에 들렀다가 우리를 찾아와 "이전에 계시던 목사님이 은퇴하실 때에는 교인이 30명밖에 안 남았었는데, 윤 목사님 전성기 때만큼은 안 되어도 제가 온 뒤에 다시

100여 명 이상은 늘었습니다"고 교회 소식을 들려주었다.

우리는 이 소식을 듣고 얼마나 기뻤는지 모른다. 그러다가 2010년 9월 침례교 100차 총회 때 펜윅 선교사 기념교회 추진 문제로 한국에 갔을 때, 옥천교회에서 낮 예배 설교를 부탁받고 17년 만에 옥천교회 교인들을 만났다. 우리가 있을 때 함께 했던 얼굴들이 많이 보이지는 않았지만, 옥천교회 청년이었던 정은희 전도사의 감동 어린 기도와 감격에 벅찬 예배를 드렸다.

남편은 1980년 6월 6일 우리가 개척할 때부터 꿈꾸던 "옥천을 복음화하고 세계를 선교화하자"는 목표를 이제는 옥천교회가 앞장서서 이루어 나가기를 바란다는 마지막 인사로 설교를 마무리했다.

이렇게 대접을 받아도 칭찬이 있을까?

교회는 안정되게 성장해가고 있었기에 1996년 월 사례비 180만 원에 상여금 600%와 아이들 전액 등록금을 제외하고도 판공비, 도서비, 목회의 전반적인 것을 모두 교회가 공급해 주었기에 우리는 십일조와 헌금을 제외하고는 거의 빚을 갚아 나갔다.

40일 금식기도를 마친 남편과 나는 어느 날 이렇게 대접받고 살아도 천국에서 칭찬이 있을 것인가에 대해서 의문을 갖기 시작했다. 나는 늘 천국에 가면 우리 주님이 내 등을 토닥이며 "참 잘했다, 참 애썼다"라고 칭찬해 줄 것을 기대하고 상상하며 힘든 고비들을 인내할 수 있었는데 성도들의 넘치는 사랑과 정성 어린 대접을 받다 보니 이렇게 평생을 대접받는 목회를 하고도 과연 똑같은 칭찬을 받을 수 있을까 하는 순수한 고민을 하게 됐다.

그후 평생 김치 담글 줄도 몰랐던 내가 조금이라도 섬기는 목회를 흉내 내보고 싶어 토요일엔 사택에 모여 김치를 담그기 시작했고, 수요일에는 일을 마치고 교회로 직접 오는 목수 집사님들을 위해 저녁

상을 차려놓고 기다렸다가 식사를 마치고 예배를 드리게 했다.

그럴 즈음에 캐나다에서 목회를 하고 계셨던 남편의 형님께서 한국에 나와 "나는 곧 은퇴할 것이니 네가 와서 펜윅 선교사 기념교회를 하나 세웠으면 하는 것이 나의 마지막 소원이다. 다윗이 못한 것을 솔로몬이 이룬 것처럼 너희 부부를 믿는다"라고 하셨다. 옛날 같으면 기도도 해보지 않고 거절했을 텐데, 대접받는 목회를 해보고 나니 그제서야 이민교회의 외롭고 힘든 성도들을 섬기는 것도 매우 가치있는 일이라는 생각이 들어 기도하던 끝에 캐나다 이민을 결정하게 되었다.

정식으로 교회에 떠날 것을 알렸을 때 교인들은 몹시도 섭섭해했다. 안수집사님은 송별인사를 하면서 목사님의 남은 빚을 해결해 드릴 수 있었더라면 절대로 목사님을 보내드리지 않았을 것이라면서 "캐나다 가셨다가 힘들면 언제든지 다시 오세요. 교회가 사놓은 논산 땅을 드릴 테니 그 땅에 개척교회를 세우세요"라고 했다.

남선교회에서는 감사패를 준비해 전달해 주었고, 어떤 젊은 집사님은 가시려거든 자기도 싸가지고 가라면서 이삿짐 박스 속에 들어가서 펑펑 울어대기도 하였다. 처음 우리가 청주교회에 부임할 때 그들이 상상치도 못했던 많은 빚을 가지고 갔었지만, 그들은 조금도 원망 없이 우리를 사랑하고 존경해 주었다. 우리를 천사와 같이 대접하고 함께 십자가를 나누어 져주었던 박종률 안수집사님과 청주 교인들에게 지금까지도 감사한 마음을 잊지 않고 있다.

막상 떠나려니 남은 부채가 염려되어 떠나기를 포기하고 고민하고 있을 때, 그 당시에는 교회도 나가지 않았던 넷째 제부(노정호, 현재 안수집사)가 2200만 원을 해결해주었고, 30년지기 친구인 대구 곽은애 권사가 1000만 원, 이동휘 목사님이 300만 원, 이명숙 집사님이 300만 원을 갚아주었다. 그래도 못 다 해결한 딱한 사정을 알고 우리의 후임으로 있게 된 목사님도 다소 빚을 갚아주었다. 그리고 은행에 남아 있던 약간의 부채는 2000년 큰딸의 결혼식을 마치고 모두 해결되었다.

우리는 경제적인 준비가 되어 있지 않았기 때문에 아이들과 모여 각자 기도제목 한 가지씩을 나누어 가졌는데, 아빠는 자동차 문제, 나는 아파트 2개월의 집세 보증금, 큰딸은 비행기표, 아들은 영주권 신청비용, 막내딸은 이삿짐 문제를 각각 책임지고 기도하기로 했다.

이삿짐을 다 정리하고 책과 옷가지만 챙겨서 서울 셋째 동생 신응 집사 집으로 갔다. 그런데 우리가 캐나다에 가기 위해 잠시 서울에 머문다는 소식을 들은 동생네 교회 교인들이 처음에는 한 사람이 와서 기도를 받고 가더니 이튿날에는 또 다른 사람이 왔고, 그 다음 날에는 더 많은 사람이 모여 들었다.

하루는 한경희 권사님이 나를 만나 기도를 받고 돌아간 이튿날에 식사를 대접하겠다며 우리 부부를 초대하여 맛있고 푸짐한 식사를 함께 나누었다. 그때 한 권사님 댁에는 나에게 기도를 받기 위해 다섯 명의 집사님들이 모여 있었고, 한 사람씩 모두를 기도해주고 마지막 집사님의 기도를 마쳐갈 때 그분이 나에게 하시는 말이 "사모님! 우리 아들도 유학을 보내고 싶으니 캐나다에 가시면 연락 주세요!"라고 하는데 그때 내 마음속에서 '이게 너의 사윗감이다' 하는 음성이 분명하게 들렸다.

나는 속으로 무척이나 놀랐지만 정말 하나님의 뜻이면 입 밖으로 절대 발설하지 않고 가리라 마음 먹고 남편에게도 그 말을 하지 않은 채 인천 넷째 동생 집을 거쳐서 마지막으로 시누이 윤아현 권사 집에 머물게 되었다.

우리는 3일 후면 한국을 떠나야 했지만 그때까지도 비행기 티켓을 구입하지 못했다. 그때 나는 식구들이 나가고 아무도 없는 틈을 타서 두 주먹을 불끈 쥐고 부들부들 떨며 통곡의 기도를 하던 중 하나님은 3일 안에도 능치 못할 일이 없으신데 나는 겨우 3일밖에 안 남았다며 염려하는 믿음 없는 내 모습을 발견하였다. 간구의 기도가 회개 기도로 바뀌어 기도하고 있을 때 전화벨이 울렸다. 출근했던 시누이였다.

"나라 엄마, 걱정하지 마. 가는 편도는 많이 안 드니 내가 표를 끊어줄게."

하나님은 해와 달과 땅과 바다를 아담을 위해서 지으셨고, 그 아름다운 세상을 아담에게 내어 주셨으며, 그에게 한 가지 부족했던 하와마저도 구하기 전에 아담에게 데려다 주신 사랑의 하나님이시다. 그러나 때로 우리는 그 믿음이 없어서 염려하고 근심하고 걱정할 때가 많다. 공중에 나는 새도 먹이시고 입히시는 하나님이시며, 광야에서도 풍성한 식탁을 제공하셨던 하나님이시건만, 절대적인 공급자이신 하나님을 신뢰하지 못할 때가 많다.

"나의 하나님이 그리스도 예수 안에서 영광 가운데 그 풍성한 대로 너희 모든 쓸 것을 채우시리라"(빌 4:19).

10부

하나님만 의지하고 도착한 캐나다

구면이시네요

    1998년 9월 22일 우리는 용감하게 22만 원을 들고 김포국제공항에 나갔다. 은행에서 막 캐나다 돈으로 환전을 하려 할 때 옆에서 지켜보고 있던 동생 경응이가 울면서 자기 남편 지갑에 있던 20만 원 전부를 꺼내주어 우리 다섯 식구가 캐나다에 가져온 돈은 모두 42만 원이 되었다.

    캐나다 토론토 국제공항에 도착하니 한국의 11월쯤 되는 쌀쌀한 기후였으나 상큼하고 맑은 공기는 쾌적함을 느끼게 했다. 간단한 수속을 위해 이민국을 거쳐 마중 나온 남편의 형님 가족과 친구였던 고장선식 목사님과 송선엽 집사님을 만나 반갑게 인사를 나눈 뒤에 잠시 머물기로 되어 있었던 큰조카 윤형한 집사의 콘도에 도착하였다.

    남편이 형님을 만나 이런저런 이야기 끝에 교회 땅을 팔지 않고 빚을 갚느라 빈손 들고 오게 되었다고 하자 형님은 걱정을 하시면서 "교회 빚은 교인들과 함께 교회 땅을 팔아서 갚아야지, 너만 훌륭한 목사 소리 들으려고 빈손으로 왔느냐"라고 하였다. 캐나다가 얼마나 살기 힘든 곳인지 까마귀도 한국 까마귀랑 캐나다 까마귀가 다르다고 하시기에 보다 못한 내가 "하나님께서 우리를 책임지실 것이고 아주버님께 절대로 폐 끼치지 않을 테니 걱정하지 마세요"라고 말했다.

이튿날 삼남매를 데리고 스칼렛 하이스쿨에 큰딸은 고등학교 2학년으로, 아들은 고등학교 1학년, 딸은 중학교 2학년으로 입학을 시키고 세 아이들 교복과 학교에 필요한 것들을 준비하다 보니 가져온 돈이 태부족이었다. 아이들의 체육복은 사주지 못한 채 첫 주일을 기다리는데 주일날 헌금할 것만 생각하면 밤마다 잠이 오지 않아 하룻밤에도 일곱 번씩 일어나서 기도하기 시작했다.

"하나님! 제가 놀러 온 것도 아니고 다니러 온 것도 아닌데 온 식구가 주일 헌금도 못한다면 하나님도 하나님이시지만 목사 체면이 뭐가 되겠습니까? 제발 체면 좀 세워주세요."

주일 아침이 되자 형님 목사님이 우리 가족을 데리러 오셨다가 요한이 체육복을 못 샀다 하니 체육복이 얼마냐 하시면서 그 값으로 38달러를 주셨다. 나는 감사하다고 인사한 후 다섯 식구에서 각각 헌금을 나누어 주었고, 예배를 드리며 16명의 교인들과 첫 인사를 나누었다.

형님은 10월 한 달을 더 하시고 11월 첫 주에 이·취임 예배가 있을 것이라고 하셨으므로 우리 가족은 조카들에게 오래 폐를 끼칠 수 없어서 이사를 나가기 위해 맞은편 아파트를 알아보았다. 1998년 당시 방 세 개짜리 아파트 렌트비는 월 800달러로 다행히 캐나다는 전세가 없어서 첫 달과 마지막 달 보증금으로 1,600달러가 필요했는데, 형님이 1,000달러를 빌려주시고 교회에서 사례비를 가불한 600달러로 1111호 아파트를 계약했다.

10월 한 달은 형님이 사례비를 가져가셨기에 11월이 되기 전까지 우리는 한 달 동안 아무런 대책 없이 살아야 했다. 그런데 하나님께서 우리의 형편을 아시고 아파트 관리소 직원들을 실수하게 하셔서 우리가 계약했던 아파트 1111호를 다른 사람에게 주게 됨으로, 대신 우리에게 다른 층의 아파트를 공짜로 한 달간 살 수 있도록 은혜를 베풀어 주셨다. 그 막막했던 순간들 속에서도 우리의 모든 처지와 형편을, 정확한 순간에 가장 효율적인 방법으로 도우시는 하나님의 사랑을 우리 모든 가족들은 경험하였다.

그러다가 동생 신웅 집사가 서울에서 100만 원을 보내주어 형님에게 빌렸던 1,000달러를 갚고 1998년 11월 1일 16명의 교인과 더불어 새로운 이민목회를 시작하였다.

그런데 알고 보니 대전 대흥교회에서 왔다는 여자 집사님이 친구에게 사기를 당하고 몹쓸 병에 걸려 있었다. 그 집사님은 하루에도 28회나 설사를 하면서 발바닥에는 쇠구슬이 박힌 것 같아서 걸음을 걷지 못한 채 뼈라는 뼈는 모두 대못을 박는 듯한 고통에 시달리고 있었다.

심방을 가기로 약속된 1주일 전부터 나는 밤낮으로 기도하기 시작했다. 하루는 꿈 속에서 100여 명의 군인들이 나에게 몰려오는데 내 오른손에 들려 있던 장군도를 가지고 싸워서 승리하는 꿈을 꾸고 이튿날 조카들 부부를 앉혀놓고 내가 송 집사님 부인의 얼굴도 보지 못했지만 그분은 확실히 치료받게 될 것이라고 했다.

그리고 약속된 날짜에 형님 목사님, 사모님과 함께 드디어 송 집사님 댁에 심방을 갔다. 환자는 정신을 잃은 듯이 머리를 풀어 늘어뜨린 채 내의 차림으로 앉아 있다가 남편을 보고 "구면이시네요" 하더니 나를 보고는 "나는 사모님이 얼마나 큰 힘을 몰고 다니는 사람인지 알아요"라고 했다. 어쨌든 우리는 그를 위해 예배를 드리고 '당신도 하나님이 치료하신다'며 용기를 주었으나 그 집사님은 밤마다 성경책을 던지면서 '우리 네 식구 잠잘 때 데려가라'는 말밖에는 아무 기도도 나오지 않는다고 하였다.

다음 날이 되어서 또다시 찾아갔는데 놀랍게도 그날은 머리를 단정히 하고 옷을 정갈하게 갈아입고 집안도 깨끗이 정리해놓고 우리를 기다리고 있었다. 우리를 보자마자 반갑게 맞이하면서 어젯밤에 있었던 이야기를 해 주었다.

우리가 심방을 마치고 떠난 후 기도하고 싶어서 거실에 나와 무릎을 꿇었는데 저절로 기도가 나오기 시작하더니 자기 평생에 그렇게 뜨겁고 간절하고 길게 했던 기도는 처음이라고 고백했다. 기도를 마치고 일어나니 발바닥에 박힌 것 같았던 쇠구슬은 온데간데없어졌고, 28회 하던 설사는 14회로 줄었으며, 뼈마다 대못을 박는 듯한 고통은 모두 사라졌다고 하였다.

그리고 나서 처음 우리를 만났을 때 했던 말을 설명해주었다. 우리가 캐나다에 오기 전부터 그 집사님은 남편을 두 번이나 꿈에서 보았다고 했다. 꿈을 꿀 때마다 형님 목사님께 찾아가 혹시 젊은 새 목사님이 오시냐고 물어봤으나 형님 목사님은 아니라고 부인하였다가 또다시 여쭈어보니 사실은 동생 목사가 오기로 되어 있다고 하셨단다.

그래서 우리를 처음 만났을 때 꿈속에서 봤던 얼굴이었기에 남편을 보고 "구면이시네요"라고 했던 것이고, 또한 꿈에서 침대에 누워 있는데 내가 수많은 천사들과 함께 자기를 위해 기도해 주러 왔는데 내가 꿈에서 보았던 것과 똑같은 반지를 끼고 있었다고 했다.

"그러나 너희가 이른 곳은 시온 산과 살아 계신 하나님의 도성인 하늘의 예루살렘과 천만 천사와"(히 12:22).

다음날 우리는 세 번째 심방을 가서 지금까지 목회하는 동안에 하나님이 치유해 주셨던 많은 사람들의 은혜로운 이야기를 들려주었다. 그러자 그분은 마음의 문을 열고 살고자 하는 의지를 되찾았고, 그 후에도 5일 동안 계속 심방을 가니 그 주일에 설사를 그치고 자리를 털고 일어나서 교회에 출석하게 되었다.

부인이 일주일 동안 치료되는 모습을 지켜본 남편 송 집사님은 예배 후 온 교인 앞에서 감사의 눈물로 간증을 했을 뿐만 아니라 간증문을 인쇄하여 토론토 전역에 있는 한국 식품점에 돌리기도 하였다.

"손을 내밀어 병을 낫게 하시옵고 표적과 기사가 거룩한 종 예수의 이름으로 이루어지게 하옵소서 하더라"(행 4:30).

이 일을 계기로 성도들은 영적 충격을 받고 더 열심히 신앙생활을 하게 되었다.

그런데 조카들이 다른 교회로 나가면서 또 한 가정이 교회를 떠남으로 겨우 10명의 교인만 남게 되었다. 그래서 당시 고2, 고1, 중2였던 삼남매는 그때부터 학교가 끝나면 아르바이트를 시작하게 되었다.

유학생 부부

어떤 사람은 이민목회가 한국보다 네다섯 배나 힘들다고 하였는데 직접 부딪쳐보니 헛소문이 아니었다. 부부가 열심히 하루에 8시간씩 일을 해도 겨우 집 렌트비를 빼고 차 한 대 굴릴 만큼 간신히 그 달을 넘기며 살아가다 보니 자연히 작은 교회 목회자는 다른 일을 겸하지 않으면 생계 유지가 어려울 수밖에 없었다.

특히 캐나다는 미국보다 이민 역사가 짧아서 미국에 비해 목회 여건이 훨씬 어렵고 보통 30~50명의 교회는 12개월 사례비 외에는 아무것도 지원받을 수가 없는 실정이다. 교인이 적어 심방할 곳이 많지 않았던 우리 부부는, 오전에는 영어학교를 다니고 오후에는 교인들을 찾아 돌아가며 심방을 했다. 버스를 타고 다시 지하철을 갈아타며 걸어서 다니다 보니 유난히 약했던 나의 두 다리는 일주일 내내 계속 쥐가 나 끝내 침을 맞고 나서야 괜찮아졌다.

그때 형님 목사님은 사역하다가 안 되면 정부가 주는 실직 수당이라도 받고 열심히 일하면서 살라고 하며 200달러를 주고 한국으로 나가셨다. 그런데 6개월 만에 캐나다에 돌아오셔서 30명이 넘게 부흥되어 있는 것을 보시더니 그제서야 원로목사 추대식을 하고 싶어하셔서 1999년 5월 원로목사 추대 행사를 치르게 되었다.

그때 안식년을 마치고 한국으로 돌아가게 된 신학교 동기 고 장선식 목사님이 3년 임대로 타고 다니던 승합차가 있었는데 이 승합차의 임대비를 유학생 부부였던 김현정 집사님이 1년 동안 책임지고 부담했기에 우리는 그 차를 구입할 수 있었다.

이렇게 하나님의 은혜와 성도들의 도움으로 자동차를 갖게 된 우리는, 한 아파트에 살고 있던 유학생 부부와 같이 신바람 나게 저녁마다 교회로 기도하러 다녔다.

그러던 어느 날 김 집사가 자기 집에 좀 놀러오라 하여 갔더니, 자기 결혼식 비디오를 틀어주면서 중앙에 서 있는 키가 훤칠한 청년 하나를 가리키며 "사모님, 나라 이 사람한테 시집 보내시지요"라고 했다. 그런데 알고보니 그 청년은 내가 캐나다에 오기 바로 전에 서울에서 다섯 명을 위해 기도할 때 '이게 네 사윗감이다'라고 감동을 주신 바로 그 청년이었다.

그리고 1년 후 착한 딸 나라는 내가 받은 응답만 믿고 그와 제대로 된 연애도 하지 않은 채 엄마 말에 순종하다가 자기도 기도를 통해 스스로 응답을 받고 결혼을 결정하였다. 그렇게 해서 김기환 형제는 우리집의 든든한 큰사위가 되었다.

가난한 이민 목회생활을 하면서 삼남매를 위한 결혼자금은 꿈도 못 꾸던 우리에게 하나님께서는 나의 평소의 기도에 응답하셔서 큰딸 나라에게 특별대우를 해주셨는데, 2000년 7월 8일 서울 힐튼호텔에서 결혼식을 올렸고 지금은 미국 로스앤젤레스에서 아들 지윤, 딸 지민이를 낳고 열심히 신앙생활 하며 교회에서 오케스트라를 지휘하며 반주자로 봉사하고 있다. 사위 김기환 집사는 LA 베다니 한인교회 안수집사로 교회를 섬기고 있다.

교회는 점점 더 부흥되어 이내 70명의 성도가 모이게 되었고, 우리 부부는 아침부터 저녁까지 삶의 현장에 있는 성도들을 찾아가 위로하였다. 될 수 있으면 빈손으로 가지 않으려고 호떡이나 시루떡, 약식 등 음식을 만들어 가서 성도들을 위로하였다.

쉽지 않았던 이민 목회의 어려움 속에서도 내가 살아남을 수 있었던 것은 첫째는 하나님의 은혜요, 둘째는 내가 가장 힘들 때 가장 많이 사랑으로 돌봐주었던 손영자 권사님과 지금까지 교회를 섬겨온 훌륭한 성도들이 내 옆에 있었기 때문이었다.

펜윅 선교단

2007년 7월 펜윅 선교단이란 이름하에 지교회인 베다니 침례교회와 함께 16명의 청년들을 훈련하여 도미니카공화국의 김영구 선교사를 돕기 위해 여름성경학교를 지원하게 되었다. 한 달 전부터 준비하기 위해 말라리아 주사를 맞으려고 했지만 1인당 100달러가 넘었기에 건강문제는 개인적으로 해결하도록 각자에게 맡겼다. 모두가 믿음으로 그냥 가겠다고 하였으나 한 명은 하루에 약을 몇 번씩 먹고 100달러가 넘는 주사를 맞고 철저히 준비하고 도미니카에 도착했다.

현지에 도착한 지 이틀쯤 지났을 때 사건이 일어났다. 마침 태풍이 몰려오고 있다 해서 밤 12시에 기도하고 있는데 청년 한 명이 급히 2층 여자숙소로 올라왔다.

"사모님! 위급상황입니다. 빨리 내려오시래요."

기도를 중단하고 청년을 따라 내려갔더니 유독 말라리아를 걱정했던 그 청년이 눈동자가 다 풀어진 상태에서 몸도 가누지 못하고 축 늘어져 있었다. 원주민 교회 담임목회자가 의사였기에 급히 주사로 약을 투여하려 했으나 그 청년은 후진국 의사는 못 믿겠다는 듯이 치료를 거부했다.

나는 그 청년에게 기도를 받든지 주사를 맞든지 본인이 선택하라고 했더니 그 청년은 나에게 기도를 받겠다고 해서 그의 배에 손을 얹고 간절히 기도했다. 뜨겁게 기도하고 나자 그 청년이 설사를 하기 시작했다. 현지 의사는 검사를 위해서 그의 대변을 받아 갔고 우리 청년들은 축 늘어진 환자를 어깨에 메듯이 질질 끌고 화장실로 데려가서 깨끗하게 씻겨서 데리고 나왔는데, 놀랍게도 설사를 하고 난 그 청년은 곧바로 눈동자가 똑바로 세워지고 혼자서도 몸을 가눌 수 있게 되었다. 이튿날, 그의 변을 검사하러 갔던 현지 의사는 모든 균이 죽어버려서 어떤 균인지조차 찾을 수가 없었다고 말해주었다.

그때 도미니카에는 5호 태풍 경보가 내려져서 선교사님은 '내일은 절대로 움직일 수 없으니 모든 일정을 취소해야 한다'고 했다. 그러나 나는 우리가 어떻게 비행기표를 마련해서 여기까지 왔는데 절대 하루도 쉴 수 없으니 예정대로 진행해달라고 하며 "하나님께서 반드시 내일 태풍을 지나가게 해주실 것입니다"라고 말했다. 다음 날 아침 5호 태풍은 쿠바 쪽으로 비껴 갔으며 우리는 예정대로 성경학교를 진행할 수 있었다. 그렇게 10일 동안 성경학교를 진행하는 가운데 하나님의 능력 안에서 두 번의 커다란 태풍들을 물리쳐 가며 무더위 속에서도 신바람 나는 선교사역을 마쳤다.

일정 중에서 단 6시간 동안만 비취색 바닷가에서 휴식을 취한 뒤 모든 경비를 절약하여 미화 1,500달러를 선교사님께 전달하고 내년을 기약하며 토론토로 돌아왔다.

주일이 되어 교회에 도착한 나는 교회 분위기가 변해 있는 것을 느꼈다. 선교팀이 돌아왔는데 어떤 집사님은 휴양지인 도미니카로 선교를 갔다고 불만이었고 또 다른 집사님은 교회 돈 30,000달러를 가지고 갔다는 근거 없는 말로 나이 드신 집사님들의 심기를 불편하게 한 것이었다. 그러나 당시 우리 청년들은 각자 자비로 선교를 떠났었다. 나는 청년들의 부담을 덜어주기 위해서 김치를 팔고 산나물을 뜯어서 여선교회 바자회를 통해 청년들에게 200달러씩 지원해 준 것 외에 교회 돈을 단 100달러도 가져가지 않았는데, 말도 안 되는 거짓말로 교회를 흔들어서 그 일로 인해 네 가정이 교회를 떠나게 되었다.

말콤 펜윅 선교사는 1863년 캐나다 말캄 시에서 태어나 1889년 12월 8일 26세의 젊은 나이로 한국에 들어가서 1935년 12월 6일 72세의 일기로 세상을 떠날 때까지 약 45년 동안 한국 복음화와 더불어 오늘날 한국에서 세 번째 교단으로 성장한 한국 침례교회를 위해 자신을 희생시킨 한 알의 밀알이었다.

또한 펜윅 선교사는 후원 교단이나 협력 선교사의 도움 없이도 약 200여 개의 교회를 세웠으며 250명의 사역자를 배출하여 만주, 시베리아, 몽골로 파송했고, 274장으로 된 복음찬미가를 발행하였으며, 신약성서를 단독으로 번역 출판하기도 했던 한국 침례교회의 자랑이며 등불과 같은 분이었다.

우리 부부는 시대를 앞서간 훌륭한 선교사의 기념사업을 위해 10년 넘게 한국을 오가며 노력한 끝에 지난 2010년 침례교 100차 총회에서 펜윅 선교사 기념교회를 세우는 일이 통과되어 현재 한국(최보기 위원장)과 캐나다(토론토; 윤철현 위원장)에서 미력하나마 모금운동을 전개하고 있다.

장차 펜윅 선교사 기념교회를 세우게 되면 그 안에 기념관은 물론 세계선교센터를 운영하며 토론토에 흩어져 살고 있는 200여 종족에게 복음을 전하여 그들을 자국 선교사로 보내면 토론토에서 200여 나라에 가장 적은 비용으로 선교사를 파송할 수 있게 된다. 이렇게 가장 유력한 조건을 가지고 있는 곳이 토론토라고 생각하여 이 일을 위해서 열심히 기도하고 있다.

장로교와 감리교는 이미 오래 전에 아펜젤러와 언더우드 선교사의 기념관을 세운 데 비해 침례교단은 아직 펜윅 선교사 기념관을 세우지 못했다. 왜냐하면 한국 침례교단은 성결교와 장로교 고신측과 함께 일제시대에 신사참배를 거부하다가 20년간 교단이 폐쇄되어 교회의 모든 재산이 일제에 압수되었다가 해방 후 뒤늦게 재건되었다. 일제에 순응하고 20년을 앞서서 성장했던 타 교단에 비해 당연히 한국에서는 교단적으로 모든 면에서 열악한 환경에 놓일 수밖에 없었다.

미국에서는 개신교단으로는 가장 많은 신자수를 자랑하고 또한 전 세계에 선교사를 어느 교단보다 일찍, 그리고 가장 많이 파송한 교단도 침례교단인 것은 분명한 사실이지만, 해방 후부터 지금까지 여러 가지 이유로 한국에서 교단적으로 아직 이 일을 감당하지 못한 것에 대한 아쉬움이 있다. 그렇기에 펜윅 선교사가 태어난 이 토론토 땅에서 사역하는 우리 교회를 중심으로 한국 침례교회들과 더불어 이 일을 감당해 낼 수 있도록 하나님께서 도우시고 역사해 주시도록 오늘도 엎드려 무릎을 꿇는다.

700마리 고등어

　캐나다를 가리켜 4대 천국이라고 한다. 첫째는 의료보험 천국, 둘째는 교육제도 천국, 셋째는 장애인 천국, 넷째는 연금제도 천국이다. 99만 평방킬로미터의 면적으로 한반도의 107배, 남북한의 46배나 되는 이 땅은 만오천 년 전에는 바다였다고 한다. 그래서인지 산에서도 바닷가 모래와 반들반들한 바닷돌을 볼 수가 있다. 지하자원으로는 우라늄이 세계 1급 수준이고 그 밖에도 다이아몬드나 금, 은, 석유, 나무, 물이 풍부하여 4차선 도로에서도 아침이면 신선한 공기를 접할 수 있는 청정지역이라 할 수 있는 곳이다.
　전 세계에 나무와 물을 30년간 공급할 수 있다고 하니 풍요로운 자연경관을 마음껏 상상해 볼 만하다. 뿐만 아니라 자동차를 타고 며칠을 달리고 달려도 흙먼지가 날리는 곳이 없고 흙탕물이 튀는 곳이 없을 정도로 깨끗하고 아름다운 곳이다.
　우리 부부는 매년 7~8월 중 2주간의 휴가를 가지게 되는데 지난 4년간 교인들과 함께 고등어 잡이를 다녀왔다. 그 유명한 타이타닉 호가 침몰했던 대서양 인근에 있는 가스페반도나 뉴브런스윅으로 다녀왔는데 그곳은 자동차로 약 16시간을 달려야 도착할 수 있다.

어느 해에 뉴브런스윅에서 700마리 고등어를 잡은 적이 있었다. 미국에서는 고등어잡이가 제한되어 있어 함부로 잡을 수가 없지만 캐나다는 고등어를 Garbage Fish라 하여 아무리 많이 잡아도 법으로 금하지 않기 때문에 부지런한 한국인들이 가장 즐기는 여름 행사가 되었다.

낚시를 마치고 돌아오는 길에 휴가를 즐기러 왔던 캐네디언 한 사람을 만나게 되었는데, 그가 재미로 하루종일 잡은 300마리 고등어를 나에게 20달러에 사겠느냐고 물어 그 고등어까지 다 사게 되었다. 그렇게 해서 천 마리의 고등어를 싣고 돌아와 우리 교인들과 일 년이 넘도록 싱싱한 고등어를 마음껏 먹을 수 있어서 행복했었다.

몇 년 전 큰딸이 에드몬튼에 살 때에 여름 휴가를 그쪽으로 간 적이 있었다. 딸아이의 가족과 함께 록키산맥을 지나서 밴쿠버 아일랜드라는 곳에 도착했다. 그곳에 가니 나나이모라는 작은 섬에서 조개잡이를 나갔는데 멀리서 보았을 때는 자갈더미가 쌓여 있는 줄 알았는데 가까이 가서 보니 그게 모두 자연산 굴이었다. 우리는 순식간에 어른 4명이 한 가마니 정도를 주웠는데 남편이 다 버리고 제일 좋은 것 30개만 가지고 가자고 했다. 그제서야 정신을 차리고 생각해보니 낚시할 수 있는 허가증을 2개밖에 안 샀기 때문에 가져갈 수 있는 갯수는 30개뿐이었다. 너무나 아까웠지만 그 좋은 굴을 다 버리고 30개만 가지고 집으로 가는 길에 마태복음 13장 47-50절 말씀을 생각했다.

"또 천국은 마치 바다에 치고 각종 물고기를 모는 그물과 같으니 그물에 가득하매 물 가로 끌어 내고 앉아서 좋은 것은 그릇에 담고 못된 것은 내버리느니라 세상 끝에도 이러하리라 천사들이 와서 의인 중에서 악인을 갈라 내어 풀무불에 던져 넣으리니 거기서 울며 이를 갈리라"(마 13:47-50).

우리도 역시 좋은 성도가 되어서 주님 창고에 들어가는 알곡이 되어야 한다고 생각했다.

또한 캐나다의 가을 단풍은 한국에서 본 그것과는 상상할 수 없을 만큼 아름답다. 토론토에서 4~5시간을 북쪽으로 가면 면적 7,630km² 의 알곤킨(Algonquin) 주립공원이 나오는데 각기 다른 아름다운 단풍이 색색이 온 산을 가득 채워 하루종일 달려도 곳곳을 다 둘러볼 수 없을 정도로 넓은 공원이다.

그런가 하면 이곳 캐네디언들은 마음이 여유로워서 그런지 재미있는 사람들이 더러 있는데, 어느 겨울에 수북이 쌓인 눈을 치우기가 쉽지 않아 어떤 학생이 마당에 쌓인 눈을 1,000달러에 팔겠다고 인터넷에 광고한 적이 있었다. 그러자 그 아이의 아이디어를 가상히 여긴 노신사가 천지에 쌓여 있는 그 눈을 1,000달러에 사주었다는 이야기도 있고, 현지인의 교회를 1달러에 한국인 이민 교회에 넘겨주는가 하면, 자신이 살던 가정집을 1달러에 파는 노부부도 있다고 하니 얼마나 유쾌하고 마음 넉넉한 사람들인지 모른다.

네 번의 40일 작정기도

 펜윅 사업을 좀더 앞당기기 위해 2009년 5월 1일 펜윅 선교사의 고향인 말캄 지역으로 교회를 이전하게 되었다. 도미니카 선교를 다녀온 후 네 가정이 교회를 떠났다는 소리를 듣고 다른 두 가정이 우리를 돕겠다며 우리 교회를 찾아왔다. 그 중의 한 집사님은 남편이 송구영신예배 때 딱 한 번 나와 등록은 했지만 신앙생활은 하지 않고 술과 바둑으로 세월을 보내다 보니 급기야 이혼을 결정하고 한국행 비행기 표를 준비해놓은 상태였다. 우리는 믿는 사람의 이혼을 절대로 반대하고 있었기에 집사님의 남편 구원을 위해 40일 작정기도를 권유했다.
 40일이 몇 번 될지는 모르지만 하나님이 응답하실 때까지 기도하기로 약속을 하고 밤마다 모여 기도하기 시작하여 1차로 2007년 1월 1일부터 40일 작정기도를 마치고, 2차로 2008년 4월 1일부터 또다시 40일을 작정하고 기도하고 있는 중, 4월 23일 환상을 보게 되었다.
 삼각형 마룻바닥에 긴 의자가 있는데 50대 중반 남자의 얼굴에

핏자국과 함께 눈에서는 먹물 같은 시커먼 물이 흘러내리는 눈먼 남자의 얼굴을 보았다. 그날 기도하기 위해 모였던 여섯 명의 집사님들에게 환상을 본 이야기를 하면서 아마도 그 사람은 영적인 눈이 멀어서 내일을 내다보지 못하고 있으며 얼굴의 핏자국은 스스로 자해한 것 같다고 하자 집사님은 '그게 우리 남편이면 불쌍해서 어떻게 하냐'며 안타까워하였다.

일주일 뒤 집사님의 남편은 처제와의 분쟁으로 인해 경찰서에 가게 되었고, 그 일로 인해 우리 부부가 보석 재판을 하기 위해 보증인으로 갔는데, 그 남편이 앉아 있는 곳이 바로 내가 환상 가운데 보았던 삼각형 마룻바닥의 긴 의자였다.

우리의 보증으로 집사님의 남편은 풀려났고 우리 집에서 함께 5개월을 지내면서 서서히 변해가기는 하였지만 경찰서에 다녀온 것을 지우지 못해 가끔은 술을 마시고 떼를 쓰거나 부인에게 차라리 자기를 죽여달라고 큰 소리를 치는 통에 우리 집에 있던 하숙생들이 다른 집으로 옮겨 가기도 하였다.

좀처럼 변하지 않는 그분을 보며 많은 사람들이 나에게 포기하라고, 헛수고라고 하였지만 '목회자마저 한 영혼을 천하보다 귀하게 여기지 않는다면 이 세상의 수많은 불쌍한 영혼들은 과연 누가 책임을 지겠는가!' 하는 생각에 그를 도저히 포기할 수가 없었다.

그분은 불안과 분노를 다스려 보려고 줄담배를 피우며 안간힘을 쓰다가도 갑자기 자기 자신을 통제하지 못하는 상태로 되돌아가기를 되풀이했다.

그 뒤 나는 두 번의 환상을 더 보았다. 그때 본 환상들처럼 그 가정은 마침내 하나님의 축복 속에 점점 변화되었고 5년 후인 2013년 1월 결국 그분은 우리 교회 집사님이 되어서 주일날이면 목사님의 설교를 가장 잘 경청하며 가끔 전화도 하면서 술담배를 끊고 온유하고 겸손한 집사님이 되기 위해 열심히 신앙생활을 잘하고 계신다.

우리는 때로 가정의 문제들을 주 안에서 해결하지 않고 세상의 방법대로 각자의 이익을 따라 해결하려 할 때가 너무나 많다. 그러다 보니 믿음의 가정에서도 이혼을 하고 사랑하는 자녀들의 가슴에 대못을 박는 부모들이 점점 늘어가고 있는 것을 보게 된다.

예수님께서는 "네 이웃을 네 몸같이 사랑하라"고 말씀하셨다. 그렇다면 우리에게 가장 가까운 이웃은 누구일까? 아마도 남편과 아내라고 생각한다. 사랑하기 위해 만나서 일생을 함께 하기로 약속한 사람조차 사랑하지 못하고 용서하지 못하며 하나님이 선물로 주신 자식을 위해서도 희생할 줄 모르고 자신의 이익과 행복만을 추구하며 가정을 파괴하는 일은 하나님이 세우신 최초의 기관인 가정의 소중함을 이해하지 못한 처사이다 (요일 4:20-21).

우리는 그렇게 한 가정을 위해 네 번의 40일 작정기도를 했고, 그 기도를 모두 마쳤을 때 하나님은 교인들의 마음을 움직여서 생각하지도 못했던 130,000달러의 건축 헌금을 작정하게 하셨다.

지금도
치유하시는 하나님

　유학생의 신분으로 캐나다에 왔다가 교인이 된 김현주 집사는 몇 년 전 교회 청년들의 수고와 교인들의 따뜻한 정성으로 조촐한 결혼식을 올리고 행복한 결혼생활을 하고 있었다. 그런데 미처 영주권을 발급받지 못한 상태에서 건강이 나빠지기 시작해서 2009년 그의 몸무게는 40kg대로 줄어들었고, 자궁에는 다섯 개의 혹이 있었으며, 아랫배에는 애기 주먹만한 덩어리가 손에 잡힐 정도였다.

　그때 김 집사님의 얼굴에서는 벌써 죽음의 냄새가 나기 시작했다. 갖은 고통으로 인해 일을 중단하게 되었지만 캐나다에서 병원을 이용하지 못하는 신분이라 안타까운 마음에서 우리 집 안방 침대에 눕혀놓고 기도하기 시작했다.

　"하나님! 살려주세요! 하나님! 살려주세요!"를 외치며 통곡하고 기도하기를 세 번쯤 했을 때 하나님이 치료하셨다는 확신이 생겨 이제 밥 잘 먹고 10kg 이상 살이 찔 것이라고 이야기해 주었다.

　며칠 후 집사님은 피를 쏟아 낸 후에 다섯 개의 혹과 아랫배의 덩어리가 온데간데없이 사라졌다. 그 후로 김 집사님은 15kg이나 살이 쪘으며, 2010년 초음파 검사를 하게 됐는데 혹과 덩어리들이 흔적도 없을 만큼 깨끗이 치료함을 받았다.

"예수께서 그의 열두 제자를 부르사 더러운 귀신을 쫓아내며 모든 병과 모든 약한 것을 고치는 권능을 주시니라"(마 10:1).

또한 유상수 집사님은 2012년 2월에 주먹만한 크기로 탈장이 생겨서 100m 이상을 걷지 못할 정도로 고통을 겪다가 5월 초에 수술 날짜를 잡았다. 우리는 그 안에 기도로 고치겠다고 작정을 하고 일주일에 한 번씩 심방을 하며 기도하기 시작했다. 나는 다시 환상을 보게 되었고 하나님이 치료해 주실 것이라고 확신했다. 그러던 중 3월 초에 정말로 탈장은 치료가 되었고 예정된 수술일에 병원에 갔을 때는 이미 모두 깨끗이 치료되었다며 기쁜 마음으로 돌아오게 되었다.

하나님은 어제나 오늘이나 변함없이 살아 계시고, 변함없이 우리를 치유하시며, 우리의 기도에 응답하시는 좋으신 하나님이시며 능력의 하나님이시다.

"믿음의 기도는 병든 자를 구원하리니 주께서 그를 일으키시리라 혹시 죄를 범하였을지라도 사하심을 받으리라"(약 5:15).

토론토 한인침례교회는 비록 교인 수는 적지만 가정들에 문제가 있을 때마다 함께 40일 작정기도를 하면서, 모두 살아계신 하나님을 경험하면서 가족 같은 사랑을 나누며 거룩하고 아름다운 주님의 신부가 되기 위해 영적 성장을 목표로 삼고 이웃 사랑을 실천하고 있는 행복한 교회이다.

아픈 행복

 큰딸이 미국 LA로 이사 간 후에는 여름 휴가를 이용하여 보고 싶은 딸과 사위 그리고 귀여운 손자 지윤이, 지민이를 만나러 간다. 그때를 맞추어서 한국에 계신 사돈 김동근 집사님과 안복선 집사님이 LA에 오셔서 최근 4년 동안 연속으로 회갑잔치를 열었다.
 바깥사돈이 1950년생, 안사돈이 1951년생, 남편이 1952년생, 내가 1953년생이다 보니 4년간 계속 환갑을 맞게 되어 큰딸과 사위는 아마 허리가 휘청했을 것이다. 그런데 고맙게도 딸과 사위는 70세에도 건강하리라 누가 장담할 수 있냐며 양쪽 부모님들 모두 환갑에 여행을 보내 주었다.
 2010년 바깥사돈 환갑에는 하와이를, 2011년 안사돈 환갑에는 멕시코 크루즈를, 2012년 남편의 환갑에는 알래스카 크루즈를 보내준다 하였으나 우리 부부는 시댁 부모님들이 가셨던 여행보다 더 좋은 곳으로는 절대 가지 않겠다 하여 샌프란시스코 버스 여행을 손자, 손녀와 함께 다녀왔고, 2013년 나의 환갑 기념으로는 거절했었던 알래

스카 크루즈를 결국 다녀왔다.

나는 2012년 남편의 환갑을 축하하기 위해 한국에서 오셨던 시누이를 모시고 버스 여행을 하면서 모처럼 차창 밖을 바라보며 모든 염려를 내려놓고 행복한 시간을 보내다 보니 해마다 부모님들 여행 보내느라 고생하는 사위와 딸 생각에 마음이 무척 아프고 미안한 마음을 금할 길이 없었다.

나는 그때 지난날을 뒤돌아보며 지금까지 내가 살아오면서 누릴 수 있었던 모든 것은 누군가의 희생과 수고로 얻어지는 '아픈 행복'임을 깨닫게 되었다. 내가 예수를 구주와 주로 영접한 뒤로 나는 한평생을 기쁘게, 즐겁게, 행복하게 살았다. 그렇다고 나의 삶이 평탄하고 부유하고 모든 것이 내 뜻대로 잘 되어져서가 아니라, 내 안에 계신 성령께서 반석에서 샘물 나듯 내 마음속에 감출 수 없는 기쁨과 행복이 넘쳐흐르게 하여 세상 그 어떤 사람보다 행복하게 살았다 고백할 수 있을 만큼, 나는 주 안에서 나의 주어진 삶 속에서 넘치는 기쁨으로 고난을 이길 수가 있었다.

"우리의 연수가 칠십이요 강건하면 팔십이라도 그 연수의 자랑은 수고와 슬픔뿐이요"(시 90:10)라는 말씀처럼 인간이 살아가는 시간들이 모두 수고의 연속이며, 삶의 결과로 내게 돌아오는 열매는 아픔과 슬픔뿐인 세상을 부인할 사람은 아무도 없을 것이다. 그래도 그 속에서 하나님과 동행하는 사람에게는 아픔과 슬픔이 주 안에서 기쁨과 찬양으로 바뀌게 되는 것, 그것이 바로 믿음의 능력이라고 생각한다.

그러나 많은 사람들은 믿음으로 산다고 하면서도 지극히 작은 감정 하나 때문에 또는 지극히 작은 육신의 것 때문에 그 아름다운 믿음의 삶이 흔들리거나 흐트러지는 것을 볼 때 너무나 안타까운 마음이 든다. 사람은 하나님의 형상을 따라 지음 받았기에(창 1:26) 하나님의 형상이 회복된 것만큼 죄와 세상을 이길 수 있고, 고난과 역경을 믿음으로 극복할 수 있다(창 39:20-21).

어느 누구도 이 땅에 있는 그 어느 것으로도 만족할 수 없다. 왜냐하면 인간의 끝이 보이지 않는 욕심 때문이다. 그러나 주 안에서는 감사할 수 있고, 오직 예수 안에서만 부족함을 느끼지 않을 수 있다.

"여호와는 나의 목자시니 내게 부족함이 없으리로다"(시 23:1).

이렇게 주님이 내게 가장 값진 대가를 지불하시고 베풀어 주신 사랑과 온갖 은혜 또한 내가 누리기에는 너무나 '아픈 행복'이었고, 나를 사랑하기에 나를 위해 십자가를 나누어 져주었던 나의 사랑하는 형제들과 친구들과 성도들의 희생으로 내가 누릴 수 있었던 기쁜 시간들 역시도 '아픈 행복'이었다.

"그가 찔림은 우리의 허물 때문이요 그가 상함은 우리의 죄악 때문이라 그가 징계를 받으므로 우리는 평화를 누리고 그가 채찍에 맞으므로 우리는 나음을 받았도다"(사 53:5).

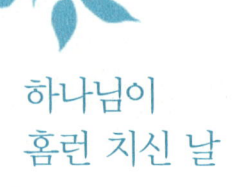

하나님이
홈런 치신 날

2011년 9월 9일 금요예배를 마칠 무렵 한국에서 전화가 왔다. 어머니의 목소리를 마지막으로 들으라며 셋째 동생이 전화를 걸어온 것이었다. 어머니께서는 "나 오늘이나 내일을 못 넘길 것 같다"라고 하시기에 부랴부랴 비행기 표를 준비해서 어머니의 마지막 모습을 뵙기 위해 토요일 아침 비행기를 탔다. 어머니가 계셨던 충남대학병원에 도착하니 때는 오후 6시쯤이었고 6남매가 모두 모여 있는 가운데 어머니는 산소 마스크를 쓰고 계셨다.

나는 제일 먼저 어머니께 "천국 가실 자신이 있습니까?"라고 물었고, 어머니는 고개를 끄덕이며 믿음의 확신을 보이셨다. 이어서 "예수님과 천국이 보이십니까?"라고 묻자 어머니는 그때에도 고개를 끄덕이며 구원받은 하나님의 자녀로서의 평안한 모습을 보여주셨다.

그래서 우리 형제들은 안도의 숨을 쉬고 병실 안에서 저녁 식사를 하고 있을 때, 장손인 중인이가 "고모! 할머니가 이상해요!"라고 하여 식사를 중단하고 어머니 곁으로 돌아갔다. 나는 오른손을 어머니 가슴에, 왼손을 어머니 머리에 대고 어머니가 즐겨 부르시던 '내 주를 가까이', '주 안에 있는 나에게', '천국에서 만나보자' 세 곡의 찬송을 부르는 동안 나의 오른손을 통해서 어머니의 마지막 심장 박동이 끊기는 것을 느끼면서 어머니를 슬픔과 근심, 아픔이 없는 하나님의 나라로 보내드렸다.

어머니는 우리 6남매가 일동 기립자세로 지켜보는 가운데서 숨소리 하나 거칠게 쉬지 않고 평안한 모습으로 그토록 사모하고 기대하셨던 하나님 나라에 들어가셨다. 어머니는 83년 동안 건강하게 사시다가 마지막에 위암으로 세상을 떠나셨다. 앞 못 보는 시어머니를 모시면서 아버지 형제 5남매를 결혼시키셨고, 남편을 빼앗기고도 우리 6남매를 믿음으로 키우시느라 타들어간 속이 재가 되어 위암이 되지 않았을까 생각해본다.

어머니는 평생을 아들밖에 몰라서 많지 않은 유산 전부를 아들 둘에게만 물려주셨지만 우리 네자매는 불평 없이 어머니의 뜻에 따르기로 했다. 그것이 어머니를 마지막으로 기쁘게 하는 일이라고 생각했기 때문이다.

어머니의 장례식을 5일장으로 마치고 토론토에 도착했다. 왠지 모르게 교회 분위기가 어수선한 것이 심상치가 않았다. 알고 보니 교회 재정이 어려워서 세금이 9,000달러나 밀렸다며 교인들이 큰 부담감에 힘들어 하고 있었다. 그때 나는 재정 권사님을 찾아가 내가 12월 30일 안으로 그 문제를 해결할 테니 걱정하지 말고 부담도 갖지 말고 기도만 열심히 해달라고 부탁했다.

그리고 내게 있는 전 재산인 목걸이 2개, 반지 4개, 귀고리 3개를 하나님께 드리고 남편과 함께 매주 목요일과 토요일에 두 번씩 소망 기도원에 올라갔다. 10월 중순부터 12월 18일까지 비가 오나 눈이 오나 산속 기도실을 찾아가 은혜로운 목회를 위해 기도하기를 계속 힘썼을 때, 하나님의 응답으로 12월 18일에 외부에서 12,000달러가 기적같이 한 주에 들어오게 되어 밀린 세금 9,000달러를 해결하고 3,000달러를 건축 통장에 입금시켰다.

우리 성도들은 그날을 일컬어 하나님이 홈런 치신 날이라고 말한다.

"은도 내 것이요 금도 내 것이니라 만군의 여호와의 말이니라"(학 2:8).

서른세 송이 장미

2012년 3월 1일, 결혼 33주년을 맞는 날이었다. 평생에 꽃 한 송이 사다 줄 줄 모르던 무뚝뚝한 남편이 이날 처음으로 서른세 송이의 장미꽃을 사서 "Thank You" 카드와 함께 건네주었다.

"독립선언문에 서명을 했던 사람이 33명인데 오늘 우리도 결혼 33주년을 맞이했으니 이런 뜻깊은 날은 그냥 지나칠 수가 없다"라고 하였다.

나는 결혼 초에도 남편이 사랑한다는 말을 했을 때, 아니 당연히 사랑하니까 결혼을 한 것인데 사랑한다는 말은 자주 할 필요가 없다고 말했다. 그래서인지 우리 부부는 사랑을 말로 표현하기보다는 서로를 믿어주고, 아껴주고, 도와주는 것이라 믿고 한평생을 변함없이 살아왔다.

1976년 신학교에 다닐 적에 예언서를 가르치셨던 박정식 목사님께서는 사랑의 정의를 이렇게 피력하셨다.

"사랑은 신적 기원을 가진 동일시의 정념이다."

요즘에 만연하는 애인이나 친구 또는 불륜마저도 사랑으로 착각하는 혼탁한 세대에서 진정으로 하나님 앞에 부끄럽지 않은 순결하고 아름다운 사랑의 가정이 늘어난다면, 소돔과 고모라에 쏟아졌던 무서운 유황불이 다시는 이 땅에 내리지 않을 것이다(창 19장).

나는 평생에 처음 받아본 서른세 송이의 장미꽃을 바라보며 하루라도 더 아름답게 피어 있기를 기대하는 마음에 매일같이 물을 갈아주었으나 그렇게 아름답던 꽃잎은 며칠이 못 되어 떨어지기 시작했다. 시들어 가는 꽃잎을 바라보며 베드로전서 1장 24-25절 말씀이 생각났다.

"그러므로 모든 육체는 풀과 같고 그 모든 영광은 풀의 꽃과 같으니 풀은 마르고 꽃은 떨어지되 오직 주의 말씀은 세세토록 있도다."

과연 그렇다. 내 나이 60이 되도록 나를 행복하게 했던 것은 세상의 그 어떤 사람도 아니었고, 그 어떤 조건도 아닌 하나님의 말씀이었다.

"예수께서 대답하여 이르시되 이 물을 마시는 자마다 다시 목마르려니와 내가 주는 물을 마시는 자는 영원히 목마르지 아니하리니 내가 주는 물은 그 속에서 영생하도록 솟아나는 샘물이 되리라"(요 4:13-14).

11부

고난은 축복이다

파도 타는 인생

1998년 캐나다 이민 목회를 결정하고 약 2개월간 준비 기간에 있을 때 처음으로 아이들에게 아빠가 아닌 다른 목사님의 교회를 방문할 수 있는 기회를 주기 위해 우리는 매주 큰 교회들을 돌아가며 주일예배를 참석했다. 마지막으로 남편의 동기 목사님이신 아름다운교회 김종표 목사님 교회를 방문했을 때, 김 목사님은 우리에게 이런 말씀을 하셨다.

"윤 목사는 목회 지역 설정을 잘못해서 그렇지 목회는 성공한 사람이야. 만약에 윤 목사가 대전이나 서울 지역에 개척을 했더라면 지금쯤은 큰 교회가 되었을 것이네."

나는 그때 김 목사님에게 "목사님, 만약에 《파도 타는 인생》이라는 책이 나오면 제가 쓴 책인 줄 아세요"라고 말했다. 인생은 어차피 모양과 색깔이 다를 뿐인 갖가지 고난을 감내해야 한다면 파도를 타는 것처럼 인생의 밑바닥에 내려갈 때에도 슬퍼하거나 괴로워하지 말고 곧 다시 내가 타고 내려갔던 그 물줄기를 타고 올라갈 때가 있을 것을 믿으며 나를 훈련하시는 주님의 손을 굳게 잡고 놓지 않는다면 내려갈 때나 올라갈 때나 느끼는 즐거움과 스릴은 똑같다는 것이 나의 지론이었다.

그러기에 나는 신학교 다닐 때에 아버지의 핍박으로 서울 집에서 쫓겨날 때에도 아버지의 집을 안 나가기 위해 매달려 사정한 것이 아니라 집을 나가라고 하시는 아버지의 그 한마디에 망설임 없이 단숨에 삼각산으로 달려갈 수 있었고, 1998년 캐나다 교회의 초청을 받고 한국 교회를 사임했을 적에도 남아있는 전 재산 50만 원을 아끼기 위해 원룸을 얻지 말고 다리 밑에 텐트를 치자고 남편에게 웃으면서 말했었다. 그때 우리 가족은 다섯 식구가 원룸에 한 달 동안 지내면서 코펠 하나로 밥을 지어 먹으면서도 다섯 식구가 돌아가며 감사의 기도를 드릴 수 있었고, 믿음직한 큰딸과 인정 많은 막내 소라는 우리 부부를 위로하려고 돌아가며 쪽지 편지를 써 놓고 학교에 가기도 하였다.

"아빠, 내가 이 세상에서 가장 존경하는 목사님이 있다면 그분은 우리 아빠 목사님이시고, 내가 이 세상에서 가장 존경하는 사모님이 있다면 우리 엄마 사모님이에요. 아무리 힘들고 어려우시더라도 하나님이 반드시 갚아주실 날이 있을 테니 힘내세요. 저희들 이렇게 믿음으로 잘 길러주시고 평생을 교회와 성도들을 위해 희생하신 것은 저희들에게 가장 귀한 믿음의 유산이 될 거예요. 엄마, 아빠를 평생 동안 귀하고 자랑스러운 인생의 모델로 삼을 것입니다."

나는 1980년 6월 6일 교회를 개척한 뒤 현재를 살고 있는 2013년까지 단 한 달도 빚 없이, 100만 원이라도 이것이 내가 쓸 수 있는 생활비라 생각하며 마음 놓고 살아본 날이 없었다. 그러나 나를 만났던 그 어떤 사람도 내가 그런 형편에서 살고 있는지조차 모를 정도로 나는 부족함을 느끼지 않았고 기쁨과 감사로 날마다 최선을 다하며 행복하게 살았다. 그것은 다른 사람들에게 있는 명예와 물질은 비록 내게 없었으나, 누구나 누릴 수 없는 성령의 능력으로 말미암은 샘솟는 기쁨과 감사의 거센 물줄기가 항상 지치고 쓰러지기 쉬운 나를 세워 행복한 사명의 길로 인도했기 때문이다.

"비록 무화과나무가 무성하지 못하며 포도나무에 열매가 없으며 감람나무에 소출이 없으며 밭에 먹을 것이 없으며 우리에 양이 없으며 외양간에 소가 없을지라도 나는 여호와로 말미암아 즐거워하며 나의 구원의 하나님으로 말미암아 기뻐하리로다"(합 3:17-18).

그러기에 나는 이민목회를 하면서도 늘 성도들을 위로하고 격려하고 싶은 마음에 지난 10년 동안 전 교인에게 김치를 담가주었는데, 2010년 어떤 집사님이 교회를 떠나면서 하는 말이, 내가 무엇을 바라고 김치를 나눠준다는 것이었다. 그 말을 듣고 곰곰이 생각해보았다. 하나님이 "이제는 그만 좀 쉬라"고 보내주시는 신호인가? 내 사정이 여유롭지 못하면서 주는 것이 덕이 되지 못했던 것인가? 감사할 줄 모르는 사람이 도리어 허물을 만들어 내는 것인가?

나는 하나님을 만난 이후에 내가 세상에서 할 수 있는 것은 단 한 가지, 사랑밖에 없다고 믿었고 또 그렇게 살려고 노력해 왔다(요일 4:7-8). 그런데 세상이 너무 악해서, 아니 사람들 마음이 너무 강퍅해서 자기가 조건 없는 사랑을 할 수 없으니 상대방의 조건 없는 사랑에도 오해를 하고, 자기가 형편에 따라 거짓말을 하니 정직한 사람의 말도 믿지 못하는 세상이 안타까울 뿐이다(마 17:17; 막 8:38; 빌 2:15).

나는 평생 내게 주어진 환경에서 최선을 다해 사랑하며 살아왔다. 그 가운데 있으면서 없는 체해 본 적이 없고 단돈 몇십만 원만 여유가 생겨도 무슨 음식을 만들어 나누어야 온 성도가 기뻐할까를 생각하며 욕심 없이 살아왔다. 이 일에는 하나님이 나의 증인이 되실 것이다.

이러한 물질의 연단 속에 살아오면서 가끔은 그 고통에서 벗어나기 위해 하나님께 기도했지만, 이제 와서 생각해보면 그 십자가로 인해 도리어 겸손히 무릎 꿇어 기도할 수 있었다. 또한 그로 인해 항상 신령한 옷자락을 여밀 수 있었던 것은 나를 사랑하시는 하나님이 내게 가장 알맞은 짐을 지우시고 또한 가장 알맞은 숙제를 풀게 하셨던 것이라고 생각한다(딤전 6:6-7).

어느 목사님이 이런 말씀을 하셨다. 하나님이 가장 사랑하는 사람을 연단하실 때 물질로 연단하신다는 말씀을. 그러기에 물질의 연단은 웃으면서 감당해야 한다는 그 목사님의 말씀이 기억난다. 정말로 그런 것 같다. 만약에 건강을 잃어버린 가족이 있거나, 내 자신이 건강하지 못하다면 조금 부족하고 불편한 물질의 어려움에는 비할 수가 없다고 생각하기 때문이다.

"우리는 형제를 사랑함으로 사망에서 옮겨 생명으로 들어간 줄을 알거니와 사랑하지 아니하는 자는 사망에 머물러 있느니라"(요일 3:14).

독수리 날개로
업어서 옮겨주세요

　내가 전도대학에서 강의를 했을 때 은혜를 받은 몇몇 사모님들과 권사님들이 나에게 성경공부를 하고 싶다는 뜻을 보였으나, 그후 1년이 지나서야 일자리를 그만두고 기도하는 가운데 1994년 8월 주님이 환상 중에 내게 "신부를 단장시켜라" 하신 말씀이 생각났다. '이제는 내가 주님의 신부들을 단장시키는 영적인 일을 할 때가 되었구나'라고 깨닫고 2013년 2월 4일 성경공부를 시작하려고 했다.

　그런데 새벽 3시부터 왼쪽 아랫배가 뒤틀리고 아프기 시작하더니 잠시 쉬었다가 아침 9시부터 또다시 통증이 시작되어 결국 아침 9시 30분에 구급차를 타고 스카보로 은혜병원으로 실려 갔다. 조카딸 승혜와 함께 병원에 도착하여 CT촬영을 하고 결과를 보니 신장에 2mm짜리 돌이 하나 생겼다는 것이었다. 하는 수 없이 성경공부를 다음주로 미루고 병원에서 처방해온 약과 진통제에 의존하며 집으로 돌아왔는데 몇 시간이 지난 후 다시 진통이 시작되어 처방대로 진통제를 먹었지만 통증은 줄어들지 않고 계속되었다.

자리에서 일어나 거실로 나와 하나님이 나에게 요구하시는 것이 무엇인가를 깨닫기 위해 기도하다가 우리 교회 교인이 아플 때는 목숨 걸고 기도했지만, 다른 교인을 위해서는 솔직히 같은 마음으로 기도하지 못했던 일이 생각났다.

"하나님, 이제는 내 나이 60인데 내가 무엇을 아까워하겠습니까? 하나님의 사람들을 위해서, 하나님의 사람들의 영적 성장을 위해서 예수님의 신부를 순결하고 아름다운 처녀로 단장시키는 일을 위해서라면 나의 육신의 남은 때를 바쳐 주님을 위해 일하겠습니다."

이렇게 기도한 뒤 왼쪽 아랫배에 박혀 있던 돌이 어떻게, 언제쯤 굴러가서 빠지게 될까를 생각하다가 이스라엘 백성을 독수리 날개로 업어서 인도하셨다는 출애굽기 19장 4절 말씀이 생각났다. 그 말씀을 붙잡고 "하나님! 내 옆구리에 있는 돌도 독수리 날개로 업어서 날라다가 속히 빠지게 해주세요!"라고 기도하고 화장실에 가기 위해 일어섰는데 놀랍게도 거실에서 화장실까지 걸어가는 동안 왼쪽 옆구리에 있던 돌이 방광까지 내려간 느낌이 들었다. 통증이 사라진 다음에 다시 병원에 가서 CT촬영을 했더니 정말로 옆구리의 돌이 방광 입구까지 내려갔다는 것이었다. 그리고 그렇게 나를 괴롭히던 작은 돌은 며칠이 지난 뒤에 빠지게 되었다.

"예수께서 이르시되 할 수 있거든이 무슨 말이냐 믿는 자에게는 능히 하지 못할 일이 없느니라 하시니"(막 9:23).

하나님은 정말 독수리 날개로 업어서 열두 발자국을 떼는 사이에 방광 입구에 옮겨다 놓으셨던 것이다.

나는 이러한 하나님의 은혜를 경험하면서 예정대로 매월 둘째 주 금요일에는 토론토 어머니 기도회를 인도하고, 매주 월요일은 토론토 초교파 성경공부를 인도하고 있다. 이민목회에 지쳐 있는 젊은 사모님들과 권사님, 집사님들과 함께 모여서 말씀을 통한 위로와 능력과 은혜를 나누면서 아름다운 그리스도의 신부수업을 하고 있다.

"내가 하나님의 열심으로 너희를 위하여 열심을 내노니 내가 너희를 정결한 처녀로 한 남편인 그리스도께 드리려고 중매함이로다"(고후 11:2).

"우리가 즐거워하고 크게 기뻐하며 그에게 영광을 돌리세 어린 양의 혼인 기약이 이르렀고 그의 아내가 자신을 준비하였으므로 그에게 빛나고 깨끗한 세마포 옷을 입도록 허락하셨으니 이 세마포 옷은 성도들의 옳은 행실이로다 하더라"(계 19:7-8).

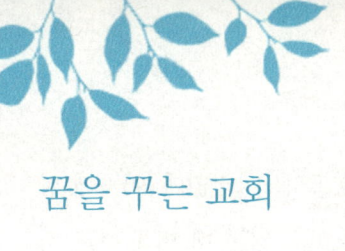

꿈을 꾸는 교회

 광역 토론토의 인구는 약 594만 명이라고 한다. 그 중에 한인은 약 15만 명 가량 된다지만 이민자들은 대부분 큰 교회를 선호하여 자체 건물을 가진 교회를 찾는다. 토론토에 약 200여 개의 한인교회가 있지만 자체건물을 가진 교회는 30개가 되지 않고 나머지 교회는 월세(캐나다는 전세가 없다)로 운영되다 보니 자연히 작은 교회들은 더더욱 성장하기가 어려운 실정이다. 더군다나 침례교회는 일찍이 이단 침례교회가 먼저 들어왔고 그 뒤에 생긴 정통 한국 침례교회(미국 남침례회)는 뿌리 내리기가 더욱 힘들었다.

 1998년 우리가 처음 왔을 때만 해도 7개의 침례교회가 있었지만 지금은 모두 문을 닫고 우리 토론토 한인침례교회와 우리 지교회인 베다니 침례교회만이 간신히 침례교회의 명맥을 이어가고 있다. 토론토에 약 500~600명의 침례교인들이 있다지만 그들은 친구나 친척을 따라 큰 교회에 파묻혀서 살아가기에 급급하다 보니 자연히 침례교회는 부흥하기가 매우 힘든 상황이다.

캐나다는 세계에서 두 번째로 땅이 넓고 큰 나라인데, 이곳에 장로교, 감리교회는 몇천 명의 교인을 자랑하고 있는 데 비해 우리 침례교회는 자체 건물 하나 가진 교회가 없다 보니 아무리 말씀이 은혜롭다고 소문이 자자해도 지치고 힘든 이민자들이 작은 교회를 무척 부담스러워하고 어려워한다.

그래서 우리는 날마다 꿈을 꾼다. 힘으로 능으로 되지 않는 어떤 일도 여호와 하나님의 신으로는 가능하다는 말씀(슥 4:6)을 붙잡고 펜윅 선교사 기념교회를 세우는 꿈을 꾸는 동시에 마지막 시대적 사명을 감당하기 위해서 노력하고 있다. 약한 자를 들어 강한 자를 부끄럽게 하시는 하나님의 뜻에 따라 지극히 작은 교회로서 할 수 있는 일은 오직 오순절의 주역이 되는 길뿐임을 깨닫고 2012년부터 전교인이 오순절의 주역이 되기 위해 계속해서 작정기도를 강행하고 있다.

우리는 아름다운교회 김종표 목사님 교회에서 이민 초에 매월 10만 원씩 생활비로 2년 동안 보조해주신 것 이외에는 어느 교회에서도 도움을 요청하거나 도움을 받아본 적도 없다. 그러나 이제는 목회자의 생활을 위해서가 아니라 침례교회의 발전과 토론토 땅에 세계 선교의 전초기지를 이루어 주님의 지상명령을 감당할 수 있는 교회가 되기 위해 우리 모든 침례교회가 힘을 합쳐 펜윅 선교사 기념교회를 세워 다음 세대를 위해 침례교회가 뿌리 깊은 나무처럼 든든히 서가기를 기도하고 있다.

"내가 이스라엘에게 이슬과 같으리니 그가 백합화같이 피겠고 레바논 백향목같이 뿌리가 박힐 것이라 그의 가지는 퍼지며 그의 아름다움은 감람나무와 같고 그의 향기는 레바논 백향목 같으리니 그 그늘 아래에 거주하는 자가 돌아올지라 그들은 곡식같이 풍성할 것이며 포도나무같이 꽃이 필 것이며 그 향기는 레바논의 포도주같이 되리라"(호 14:5-7).

우리가 살아가는 인생을 계절에 표현한다면, 봄에 피어나는 작은 새싹은 유년시절, 푸른 잎이 가장 기름지고 무성한 여름은 청년의 때라고 할 수 있으며, 그러다가 맞는 가을은 중년의 때로 가장 화려하고 풍성한 아름다움을 나타내는 결실의 시기라 할 수 있다.

인생은 그렇게 황홀한 피날레를 마치고 차가운 가을바람에 제 몫을 다한 단풍잎들이 노년의 겨울을 만나 앙상한 가지만 남긴 채 땅에 떨어져 소리 없이 또 다른 봄을 위해 썩어져 가는 것이다.

나는 매년 이 넓은 캐나다 땅을 가득 채우는 불 붙은 산과 같고 황금성과도 같은 단풍잎들을 바라보며 이제는 나도 내 인생의 겨울을 맞기 전에 마지막 사력을 다하여 내 삶 가운데 가장 아름다운 빛깔을 내기 위해 혼신의 힘을 다해야겠다고 다짐하였다.

감사의 글

지금까지 내 삶의 우선순위는 언제나 남편보다 자식보다 교회일과 교인들이 우위를 차지하고 있었기에, 자녀들에게는 늘 미안하고 아쉬운 마음을 떨칠 수가 없었다. 그럼에도 불구하고 원망과 불평 없이 성실하게 잘 자라준 사랑하는 딸 나라와 아들 요한, 그리고 막내 딸 소라에게 고맙다는 말을 전하고 싶다.

그리고 지난 33년간 능력 없는 두 사람이 만나 열심과 최선을 다하였지만 어렵고 힘든 목회자의 길을 걸어오는 동안 내게 참 좋은 길동무가 되었던, 언제나 변함없는 남편에게도 감사의 뜻을 전하고 싶다.

그리고 우리의 첫 번째 개척지였던 옥천 땅에서 지금도 옥천교회를 지켜나가고 있는 성도들과 또한 빚을 가지고 부임했던 목회자를 원망 없이 사랑하고 존경하며 천사와도 같이 대접해 주었던 청주교회 교인들에게도 감사의 뜻을 전한다.

더더욱 큰 교회를 마다하며 작은 교회 부족한 종들을 도와 복음적인 침례교회를 세워가기 위해 온갖 노력을 다하는 토론토 한인침례교회 성도들에게도 심심한 감사의 뜻을 표하며, 조금이라도 내가 행복한 목회를 할 수 있도록 물질로 후원해주었던 나의 사랑하는 형제들과 친구들과 지인들에게도 감사를 드린다.

특별히 바쁘신 가운데 추천의 글을 써 주신 존경하는 전 침신대 총장 이정희 교수님과 토론토 전도대학 학장 서인구 목사님께도 깊은 감사를 드린다.
 끝으로 일일이 컴퓨터 작업으로 수고한 예쁜 조카 승혜와 다혜에게 감사하며, 여행을 통해 아름다운 추억을 만들어 준 큰사위 김기환 안수집사에게도 감사의 뜻을 전하며, 쿰란출판사 이형규 사장님과 직원들에게도 감사를 드린다.

기도에 대한 나의 철학

기도는 내 뜻을 포기하고 하나님의 뜻을 찾는 것이다.

기도는 철저하게 자아를 깨뜨리는 것이다.

기도는 타인을 향해 눈을 감고
자신의 허물을 밝히 보는 시간이다.

기도는 하나님의 얼굴을 보게 한다.

기도는 영적 노동이다.

기도는 영적 호흡이다.

기도는 축복과 행복의 시작이다.

기도는 축복을 앞당긴다.

기도는 내 능력 밖의 일이 처리되는 시간이다.

기도는 끝없는 용서와 사랑을 만들어 낸다.

기도는 능력을 저축하는 것이다.

기도는 반드시 응답과 보상이 있다.

Since 1980 토론토 한인침례교회 박난웅

판 권
소 유

아픈 행복

2013년 9월 10일 인쇄
2013년 9월 14일 발행

지은이 | 박난웅
발행인 | 이형규
발행처 | 쿰란출판사

주소 | 서울시 종로구 이화동 184-3
TEL | 745-1007, 745-1301, 747-1212, 743-1300
영업부 | 747-1004, FAX/745-8490
본사평생전화번호 | 0502-756-1004
홈페이지 | http://www.qumran.co.kr
E-mail | qrbooks@gmail.com
　　　　　　qrbooks@daum.net
한글인터넷주소 | 쿰란, 쿰란출판사

등록 | 제1-670호(1988.2.27)

책임교열 | 송은주

값 12,000원

ISBN 978-89-6562-492-9 03230

✽ 이 출판물은 저작권법에 의해 보호를 받는 저작물이므로 무단 복제할 수 없습니다.
✽ 잘못된 책은 교환해 드립니다.